언젠가 책을 써야겠다고 마음만 먹었다면
무슨 책을 써야 할지 고민만 했었다면
지금, 《책 쓰는 토요일》로 시작하세요
가장 좋은 때는 '지금'입니다.
여러분의 시작을 기억하겠습니다.
책 쓰는 삶을 응원합니다.

책 쓰는 토요일

토요일 3시간 · 나를 찾는 책 쓰기

이임복 지음

천그루숲

감사한 사람이 너무 많다. 7년 넘게 강의한 내용을 책으로 묶다
보니 '책 쓰는 토요일'을 통해 만났던 한 분 한 분의 얼굴이 제일
먼저 떠오른다. 그들이 없었더라면 이 책은 세상에 나올 수 없
었다.

'책 쓰는 토요일'이란 멋진 이름을 지어주고, 함께 강의를 열었
던 송샘 팀장은 최고의 기획자이자 파트너였다. 한 그루 한 그루
지혜의 숲을 만들어 가는 출판사 '천그루숲'을 만난 것도 큰 행운
이었다. 자칫 저자의 편협한 시선에 머물 수 있는 '책 쓰기' 책을
편집자의 눈과 마케터의 감각으로 멋지게 완성해 줬다.

쓰는 내내 즐거웠고, 편집과 탈고를 하는 동안 그 어느 때보다

치열했다. 이 책은 그래서 저자만의 책이 아닌 모두의 책이다.

원고를 다 써놓고도 출간을 망설였다. '책 쓰기' 책이 너무 많아 의심하고 회의적으로 보는 세상의 시선이 두려웠다. 이를 해결한 건 '책 쓰는 토요일' 졸업생들과의 만남이었다. 짧게는 반년, 길게는 3년 이상 못 만난 사람들인데 마치 어제 만난 것 같이 편했다.

그들의 이야기가 용기를 주었다. '그동안 내가 해왔던 게 허튼 일이 아니었구나!' 그래서 출간을 결심했다.

'삶의 목표가 생겼다'

'정말 후회 없는 시간이었다'

'책을 써 나가는 과정에서 자신을 돌아볼 수 있었다'

한 권의 책을 쓰는 과정은 혼자 떠나는 여행과 같다. 때론 이 여행이 고독할 수도 있다. 친구를 앞에 두고 말을 주고받는 게 아니라 하얀 종이 위에 끊임없이 생각에 관한 생각을 하며 글을 쓴다는 것이 쉬운 일은 아니다. 하지만 한 권의 책을 쓰기 위한 여행을 하며 자신과 끊임없이 대화를 주고받고, 생각하고, 고민하는 순간순간에서 내가 누구였는지, 무엇을 원하는 건지를 알 수 있다.

정상으로 올라가는 길은 상상할 수 있지만, 그 상상이 당신을 정상으로 데려가 주지는 못한다. 마찬가지로 책을 쓰는 여행 역시 자신의 손으로 걸어보지 않으면 절대로 알 수 없다. 길을 아는 것과 길을 걷는 것은 분명 다르다. 이 길 역시 혼자 가야 한다.

　내가 할 수 있는 건, 혼자 걸어가야 하는 당신의 곁에서 먼저 걸어본 사람으로서 좀 더 쉽게 갈 수 있도록 방향을 제시하고 함께 걷는 일이다. 이 책 역시 그런 마음으로 썼다.

이임복

차 | 례

책 쓰는
토요일

'사람은 책을 만들고
책은 사람을 만든다'

교보문고 입구의 돌판에 새겨진 이 문구를 본 건 중학생이 되어
처음 종로에 갔을 때였다.

맞다! 책은 지금의 나를 만들었다. 어린 나에게 작가의 꿈을 꾸
게 만든 교보문고는 지금도 수많은 사람들을 꿈꾸게 한다.

계단을 내려와 문을 열고 처음 그곳에 들어섰을 때의 감동을 난
아직도 잊지 못한다. 눈에 보이는 모든 곳에 책이 있었다. 이 세상
에 책이 그렇게 많은 곳이 있다는 걸 상상조차 하지 못했다. 배가
너무 고플 때 맡은 길거리 토스트 굽는 냄새의 유혹처럼, 책에서
풍기는 그 독특한 냄새는 단번에 나를 사로잡았다.

튼튼한 두 다리만 있으면 얼마든지 앉아서 또 서서 책을 읽을 수 있었다. 직원들의 눈치를 볼 필요도 없었다. 이보다 좋은 곳이 세상에 또 있을까!

그렇게 처음 교보문고를 알게 된 후 매주 일요일마다 나는 그곳에 갔다. 서서 책을 읽다 다리가 아프면 구석에 앉아 책을 읽었다. 내 눈길을 사로잡는 책들을 닥치는 대로 읽었다. 행복했다.

어느 날 문득 이런 생각이 들었다.

'나도 작가가 되고 싶다!'

내가 쓴 책이 이곳에 있다면 얼마나 행복할까? 내가 다른 사람들의 책을 읽으며 행복한 것처럼 다른 사람들도 내 책을 읽고 행복해 한다면 얼마나 좋을까?

그래서 작가를 꿈꾸는 사람이라면 누구나 시도하는 '노트에 소설 쓰기'를 시작했다. 연필로 꾹꾹 눌러 적은 내 첫 소설을 나는 지금도 간직하고 있다.

나에게 영향을 미친 책들은 대부분 소설이었다. 당시 천리안·나우누리·하이텔 같은 PC통신에는 소설 연재 게시판이 있었는데, 특히 〈드래곤 라자〉〈눈물을 마시는 새〉 등 이영도 님의 글이 올라오는 시간이면 눈이 저절로 번쩍 떠졌다.

SF 소설가 다나카 요시키의 《은하영웅전설》은 읽었던 소설 중 최고였다. 소설 속 인물들은 나를 사로잡았고 내 가치관에 큰 영향을 미쳤다. 그렇게 나는 무작정 읽고 쓰며 작가의 꿈을 꾸었다.

하지만 그 길은 내게 너무 멀었다. 시간이 흘러도 크게 달라지는 것은 없었다. 남들보다 책읽기를 조금 더 좋아하고, 글 쓰는 걸 행복해 하는 평범한 직장인이 되었을 뿐이었다. 언젠가 내 책을 쓰겠다는 다짐은 언제나 바쁜 삶 속에서 자꾸만 뒤로 밀렸다.

'삶은 고되었고, 휴식은 적었고,
펜을 들 결심은 언제나 부족했다.'

글을 써서 나의 책을 갖고 싶었지만 '시간이 없다'고 미루고 변명하는 날들이 계속되었다. 매일 만나는 사람들과 고민을 나누고 많은 얘기를 해도 문제는 해결되지 않았다.

새로운 자극은 늘 그렇듯 외부에서 온다. 만약 어떤 일이 오랜 기간 계속해서 잘 풀리지 않는다면 시선을 돌려 밖에서 해답을 찾아야 한다. 나에게 자극은 서점에서 우연히 발견한 '지인이 출간한 책'이었다. 내가 아는 사람이 책을 출간했다. 처음엔 반갑고 응원하는 마음이 컸지만, 곧이어 질투와 나 자신에 대한 후회가 밀려왔다.

'이젠 더 이상 미룰 수 없다. 정말로 써야겠다!'고 생각했다.

다시 또 후회하고 싶지 않았다. 그날 밤 노트북을 열고 한 줄을 적었다.

> '꽤 오래 전 얘기다. 함께 일하던 대리님과 라면에 계란 한 알로 간단한 식사를 마치고, 담배를 한 대 피웠다.'

이렇게 쓴 첫 줄은 문장이 됐고, 한 페이지가 됐고, 한 권의 책이 됐다. 책을 많이 팔아 돈을 벌어야겠다는 생각도, 베스트셀러 작가로 유명해지고 싶다는 생각도 하지 않았다. 나의 생각과 경험을 솔직하게 세상에 전하고 싶었다.

어느덧 시간이 흘러 난 이제 열다섯 권 이상의 책을 낸 저자가 되었다. 신기한 일이다.

직장생활을 하며 책을 써왔던 삶은 지금까지 '남들이 만들어 놓은 세상에 살던 나'를, '내가 써가는 세상의 나'로 만들었다. 그래서 내 인생은 조금 더 행복해졌다. 내 삶을 기록한 책이 한 권 한 권 더해질수록 내 삶도 좀 더 풍성해지고 의미 있어졌다.

내가 지금 행복한 것처럼 같은 꿈을 품고 있는 여러분도 책을 통해 행복해졌으면 좋겠다. 그것이 내가 이 책을 쓴 이유이기도 하다.

'그래서, 어떻게?'

저자가 된 후 가장 많이 받았던 질문은 "어떻게 하면 저도 책을 쓸 수 있나요?"였다. 내 대답은 늘 똑같았다.

"그냥 끝까지 쓰면 됩니다."

그런데 그 대답에 만족하지 못하는 사람들의 표정이 마음에 걸려 한마디를 덧붙였다.

"책 쓰기와 관련된 좋은 책들이 많으니 읽어 보세요."

그래도 부족했나 보다. 한참이 지나서야 알게 됐다. 내게 질문을 한 사람들이 원했던 답은 하나였다.

'책 쓰기와 관련된 강의 혹은 코칭', 더 나아가 '어떤 책을 쓰면 좋을지 도통 모르겠으니 힌트를 주고, 출간을 도와 달라'는 것이었다.

찾아보니 '책 쓰기'와 관련된 강의가 무척 많았다. 누군가에게 '책 쓰기'를 가르칠 수 있다는 것도 놀라웠는데, 강의와 코칭의 비용은 더 놀라웠다.

비싼 강의는 1,000만 원, 아무리 약해도 100만 원 이상의 강의가 대부분이었다(최근에는 대중적인 책 쓰기 과정이 늘어나면서 50만 원 전후도 눈에 띄지만 5~6년 전만 해도 최소가 100만 원 이상이었다). 수요가 있으니 공급이 있는 것이고, 비싼 강의를 들으면 마법처럼 바로 책을 출간할 수 있을지도 모른다. 게다가 그렇게 나온 책들이 베스트셀러가 되지 말라는 법도 없었다.

　하지만 나는 도저히 납득할 수 없었고, 그 생각은 지금도 마찬가지다. 놀라운 건 숱한 구설에 오르면서도 그런 강의가 계속 이어지고 있고, 고가의 책 쓰기 강의는 지금도 꾸준히 생겨나고 있다. 강의들은 저마다 '결코 돈을 벌려고 하는 건 아니다' '기존의 책 쓰기와는 다르다'고 이야기한다. 그런데

나는 과연 다를까?

　너 역시 똑같은 것 아니냐는 이야기를 듣는 게 가장 겁이 났다. 그렇기에 정말 구체적이고 유용한 나만의 '대안'을 내놓고 싶었다.

　2012년 4월, '직장인 책 쓰기 강의를 무료로 열고 싶다. 강의 장소를 알아보고 있다'는 글을 페이스북에 올렸다. 놀랍게도 바로 그날 안국동에 위치한 강의장을 후원받을 수 있었다.

　곧바로 '자신의 책을 내고 싶은 직장인을 위한 8주 코스'를 기획했고 인원을 모집했다. 그리고 목요일 저녁 7시부터 9시까지 8주 동안 무료로 과정을 진행했다.

　'자신의 책을 내고 싶은 직장인들은 어떤 사람들일까?' 하루빨리 만나보고 싶었다.

'책을 쓰는 게 먼저가 아니라 책으로 쓸 만한 나만의 이야기가 꼭 있어야 한다는 것, 책을 쓰면서 정리되고 바뀌는 건 다른 게 아니라 바로 나 자신이라는 것'을 이야기해 주고 싶었다.

그렇게 신청인원 25명의 강의가 시작되었다. 처음이라 힘든 점도 많았지만 정말 재미있었다. 8주의 과정 동안 계속 과제가 있었고, 메일로 받은 과제들에 대해 하나도 빠트리지 않고 회신을 했다.

시간이 흘러 그들 중 두 명의 저자가 나왔다. 내 생각과 방식이 잘못되지 않았다는 걸 확신할 수 있었다.

그 후 다니던 회사를 그만두고 본격적으로 트렌드·스마트워크에 대한 연구와 강의에 뛰어들었다. 그리고 '책 쓰는 토요일'이란 이름으로 4~8주의 과정을 7년째 비정기적으로 열고 있다. 다만, 무료는 아니다. 다른 기관들과 함께 연계해 강의를 열다 보니 강의장 대관료 등의 이유로 약간의 비용을 받고 있다. 그동안 금전적인 부분에서 조금도 흔들리지 않았다고는 차마 말하지 못하겠다. 1인당 100만 원, 아니 50만 원씩만 받아도 한 번 강의를 열 때마다 500만 원이 넘는 돈을 벌 수 있었다. 포털사이트에 책 쓰기 카페를 만들고 수강생들을 모은 후 꾸준하게 관리하면 지속적으로 수익을 낼 수 있는 판을 만들 수 있었다. 출판사를 하나 차려 원하는 책을 출간해 줘도 된다. 돈 버는 방법은 쉬워 보였다. 하지만 그렇게 하고 싶지 않았다. 책 쓰기 강의가 나에게 '일'이 되는 순간, 그 강의로 많은 '돈'을 벌겠다고 생각하는 순간 내가 뭔가 전하고 싶은 마지막 하나가 사라질 것 같은 느낌이 들었다. 내 강의는 지금으로도 만족하고, 내가 만나는 사람들로도 충분하다고 생각했다. 그 생각은 지금도 변함이 없다.

일찍이 교보문고에서 시작된 책 읽기는 나를 바꿨고, 책을 쓰게 되면서 내 인생은 더욱 긍정적이고 놀랄 만큼 풍성해졌다. 내가 그랬듯 조금이라도 더 많은 사람들의 삶이 변화하기를 바란다. 그것이 내 강의와 책을 통한 것이면 더 바랄 게 없다.

강의를 들었던 분들이 출간한 책이 벌써 열 권을 넘는다. 그중에는 베스트셀러도 있고, 덜 알려진 책도 있다.

다른 책 쓰기 과정처럼 200권 이상의 책을 출간하는 방법을 나는 모르겠다. 출간된 모든 책을 베스트셀러로 만드는 방법도 알 수 없다. 하지만 한 가지는 알고 있다. 책은 당신의 인생이다. 특히 심혈을 기울여 출간한 첫 책은 당신을 말하는 가장 소중한 책이다. 한 줄 한 줄, 한 장 한 장에 당신의 인생이 제대로 스며들 때까지 기다리자. 결코 조급해하지 말자. 천천히 그리고 확실하게 당신을 담았으면 좋겠다.

영화 〈매트릭스〉에서 모피어스는 네오에게 "길을 아는 것과 걷는 것은 다르다"고 말한다. 맞다! 아는 것만으로는 충분하지 않다.

직접 두 발로 걸어야 내 인생이 된다. 펜을 들고 한 자 한 자 적어야 내 삶이 된다.

나는 문을 열고 조그맣게 난 길을 보여주려 한다. 그러니 당신도 펜을 들고 종이 위에 당신의 길을 걸어가기를, 노트북을 켜고 흰 여백 위에 한 자 한 자 당신의 글을 새겨 넣기를 바란다. 필요하다면 길을 걸으며 잠시 이야기를 나눌 수도 있겠지만 끝까지 걸어가는 건 오로지 당신의 몫이다. 나는 조용히 지켜볼 것이다.

책 쓰기 좋은 토요일,
따뜻한 커피 한잔과 함께 앉아
이제는 쓰자.

오리엔테이션

이번 시간에는
책을 쓸 때 최대의 효과를
얻는 방법과
'책 쓰는 토요일'에 대해
소개하고자 합니다.

최대의 효과를 위한 다섯 가지 방법

이 책은 '책 쓰기'에 관한 실행 중심의 구체적인 방법을 제시합니다. 말보다 행동이 중요하기 때문이죠. 다만 '책을 빨리 출간하는 방법'이나 '책을 써서 유명해져 인생을 바꾸는 방법' 같은 건 담겨 있지 않습니다. 만약 그런 것을 원한다면 이 책은 여러분에게 도움이 되지 않을 겁니다.

하지만 '나는 어떤 책을 쓸 수 있을까?' '내가 가진 지식과 경험과 인생 스토리 중 어떤 게 책이 될 수 있을까?' '책을 출간하기 위해서는 어떤 준비가 필요할까?' '어떻게 시작하면 될까?'라는 의문을 가진 분에게는, 지금 당장 시작할 준비가 되어 있는 분에게는 이 책이 아주 좋은 길잡이가 되어 줄 겁니다.

그럼, 최대의 효과를 얻을 수 있는 5가지 방법을 소개 드립니다.

💬 열정은 잊어라

책을 쓰겠다는 사람들은 대부분 '내 이름으로 된 책을 가지고 싶다'는 열정으로 시작합니다. 하지만 이런 열정은 처음에는 잘 타오르지만 '관심'이란 땔감을 지속적으로 주지 않으면 쉽게 꺼지게 됩니다. 게다가 한 번 사라진 열정은 다시 돌아오기 어렵습니다.

그러니 열정은 잊고, 그냥 한 번 상상해 보세요. 출간될 여러분의 책은 어떤 모습일까요? 어떤 내용을 담고 있을까요? 그 책이 서점에 있는 모습을 상상하면 얼마나 행복할까요? 만약 '책 쓰기'를 잠시 잊고 지내던 어느 날, 지인이 쓴 책을 서점에서 발견하게 된다면 기분이 어떨까요? 생각해 보세요.

쉽게 사라지는 열정보다는, 다른 사람이 먼저 써버린 여러분의 책을 상상해 보세요. 지금 바로 시작해서 마무리 지어야겠다는 생각이 들지 않나요?

💬 충분히 고민하자

결과를 먼저 원하는 분들이라면 이런저런 설명은 건너뛰고(중요한 질문들은 넘겨버리고) 바로 책 쓰기 일정을 짜고 머리말을 쓰고 싶어 손이 근질근질할 겁니다. 이해합니다. 하지만 이 책을 펼쳐 한 페이지 한 페이지를 긴 호흡으로 천천히 읽고, 질문이 나오면 충분히 깊게 생각한 후 답해 보기를 권합니다. 책 쓰기는 검색이 아니라 사색입니다. 여러분의 책을 가볍고 빠르게, 3분이면 먹을 수 있는 햇반처럼 만들고 싶은가요? 그렇지 않을 겁니다.

이 책은 최소 4주, 최대 8주 과정의 오프라인 교육을 진행한 결과를 바탕으로 쓴 책입니다. 따라서 하루나 이틀 만에 다 읽더라도 질문에 대한 고민과 답은 좀 더 시간을 들여 꼼꼼하게 하는 게 좋습니다. 특히 '글감 수집' 단계라면 충분한 시간 동안 글감을 수집하고 난 뒤 다음 단계로 넘어가야 효과가 큽니다. 어떤 주제든 간에 내 머릿속에 있는 것만을 가지고 바로 글을 써서 책을 완성할 수는 없습니다.

💬 실행하자

책 쓰기 관련 책을 읽거나 강의를 듣는 것은 누구나 할 수 있습니다. 저는 강의 때마다 수강생들에게 말합니다.

"지금 이곳에 있는 많은 분들 가운데 실제로 책을 쓰기 위해 밤잠을 줄이며 실행하는 사람은 두세 명에 지나지 않을 겁니다. 이 강의가 끝나고 딱 일주일만 지나도 책을 쓰겠다는 마음이 사라지는 분들이 많을 거예요."

처음에는 반신반의하던 사람들도 시간이 지나면서 저절로 고개를 끄덕이게 됩니다. 30분이든 한 시간이든 하루에 잠깐이라도 시간을 내어 글을 쓴다는 것이 얼마나 어려운 일인지는 직접 해봐야 알기 때문입니다. 하지만 분명한 건, 두세 명의 사람들은 끝까지 포기하지 않고 글을 쓰고 결국 책을 출간하게 됩니다.

여러분도 가능합니다! 제대로 시작하고, 끝까지 포기하지 않으면 할 수 있습니다.

 반복하자

　책을 쓰는 동안 막히는 부분이 생기거나 궁금한 점이 있다면, 이 책에서 해당 내용을 다시 찾아보세요. 이 책을 외울 필요는 없죠. 제대로 다시 찾으면 됩니다.

　다시 보면 분명히 해답이 있습니다. 그래도 모르겠다면 저에게 연락해도 좋습니다.

　　　　함께하자

　오프라인 모임도 좋고, 온라인 모임도 괜찮습니다. 책을 쓰고 싶은 사람들끼리 잠시 대화를 나누는 것만으로도 숨통이 트이고 긍정적인 자극을 함께 나눌 수 있습니다.

　특히 첫 책을 쓰는 과정은 달려도 달려도 끝이 보이지 않는 마라톤과도 같습니다. 글을 쓰느라 밤을 지새우다 보면 극심한 스트레스와 불안, 외로움에 빠지기 쉽습니다. 이런 때 가장 좋은 방법은 자신의 속도를 지키는 사람들과 함께 달리는 겁니다.

　저도 기존 수강생들과 함께 '이제라도 쓰자'라는 코스를 만들어 서로 자극을 주고받으며 책의 초고를 완성할 수 있었습니다.

왜 '책 쓰는 토요일'인가?

책을 쓰기 위해 여행을 떠난다면 정말 멋진 일일 겁니다. 한 달이나 일주일, 아니 단 하루라도 세상 모든 것에서 벗어나 글만 쓸 시간이 주어진다면 너무 행복할 것 같습니다. 하지만 쉽지 않죠. 그렇기에 바쁜 생활 속에서 잠깐이라도 시간을 내어 글을 써야 합니다. 그런데 이것도 참 어렵습니다. 그래서 정한 날짜가 '토요일'입니다. 아무리 바쁘더라도 토요일 오전 세 시간 정도는 낼 수 있지 않을까요?

바쁜 한 주를 보내고 조금 여유로워지는 주말, 여유가 나태가 되기 전에 혼자 있는 시간을 가져보세요. 노트북을 챙겨 조용한 카페의 햇살 좋은 자리에 앉아 따뜻한 커피 한 모금에 한 줄씩 글을 써 내려갑니다. 여유로워 보이지 않나요?

분주한 일상에서 벗어나 조용히 자기 자신과 대화를 나누는 시간, '책 쓰는 토요일'은 일상의 쉼표가 되어줄 겁니다.

먼저 세 가지 이야기를 나누고자 합니다. 그동안 제가 가장 많이 받았던 질문에 대한 답입니다.

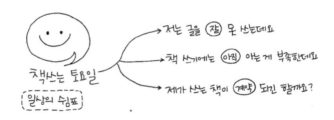

💬 저는 글을 잘 못 쓰는데요

네, 사람들은 대부분 자신이 글을 못 쓴다고 생각합니다. 심지어 카카오의 '브런치(Brunch)'에서 몇 만 건이나 조회가 되고 몇 천건씩 공유가 되는 글을 쓴 작가들도 자신은 글을 못 쓴다고 생각합니다. 이건 겸손이죠. 제가 본 대부분의 브런치 작가들은 어떻게 그렇게 글을 맛있게 쓰는지 부러울 정도였습니다.

그런데 정말 글을 못 쓴다면?

여기서 대부분의 사람들이 글을 못 쓴다고 생각하는 건 '장문의 글'을 못 쓴다는 뜻입니다. 살면서 그렇게 '긴 글'을 써본 적이 없고, 쓸 일도 없었기 때문입니다.

이건 충분히 해결할 수 있습니다. 괜찮습니다!

글쓰기와 책 쓰기는 같지만 또 다릅니다. 이렇게 생각하면 됩니다. '글쓰기는 문장력이 중요하고, 책 쓰기는 생각이 중요하다.' 쉽죠? '글쓰기는 문장이고, 책 쓰기는 생각이다.' 이렇게 줄여도 되겠네요.

책 쓰기는 긴 호흡으로 100장이든 200장이든 페이지를 채워 나가는 과정입니다. 그래서 중요한 건 내가 쓰고자 하는, 책을 통해 전하고 싶은 내용입니다. 처음으로 책의 내용을 완성하는 '초고' 단계에서는 멋진 문장을 쓰려고 노력하기보다, 쓰고 싶은 이야기를 끝까지 써 나가는 걸 목표로 하면 됩니다. 다시 말씀드리지만 어떤 이야기를 전하고 싶은 건지 끝까지 써 보는 게 먼저입니다. 생각을 채우는 게 먼저고 문장력은 나중입니다. 출간이 되기 전 세세한 부분은 다시 수정할 시간이 충분히 있습니다.

💬 책을 쓰기에는 제가 많이 부족한데요.

괜찮습니다. 책을 여러 권 낸 전문가라 하더라도 노트북을 열고 막상 글을 쓰려고 하면 한 줄도 시작하지 못하는 경우가 많습니다.

잘 아는 것과 잘 쓰는 건 다르기 때문이죠.

책을 쓸 때는 누구나 자신이 알고 있는 10%를 가지고 시작합니다. 나머지 90%는 글을 써 나가면서 채워지죠. 글을 쓰면서 자신이 주장했던 것들을 적고, 정말 그게 맞는지 다시 한 번 생각해 보고, 이를 뒷받침할 근거를 찾고, 그래도 헛갈리면 직접 경험해 보고 쓰면 됩니다.

책 쓰기는 이렇듯 한 권의 책을 완성하는 과정에서 자신에게 부족했던 90%를 채우는 일입니다. 조금 과장해서 이야기하면 첫 문장을 여는 여러분과 마지막 문장을 닫는 여러분은 완전히 다른 사람이 됩니다. 책을 쓰는 만큼 여러분도 성장하기 때문이죠.

 제가 쓰는 책이 계약이 되긴 할까요?

한마디로 정리해 드릴게요. '일단 쓰세요!'

출판사와의 계약을 걱정하기 전에, 이 책이 팔릴지를 고민하기 전에 '어떤 책을 쓰고 싶은지' '쓸 수 있는지' '어떻게 내용을 구성할 것인지'를 고민하면서 일단 쓰세요. 대부분의 고민은 여러분의 발목을 잡아당기는 족쇄가 됩니다.

굉장히 많은 사람들이 이런 걱정에 붙들려 언젠가 책을 쓰고 싶다는 생각을 하지만 책을 쓰지는 않습니다. 더 이상 미루지 않기로 결심했다면, 책을 꼭 써야겠다는 생각을 했다면 이제 변명은 그만 하죠! 그렇지 않으면 다시 한 해가 지나도 또 한 해가 지나도 결과는 똑같을 겁니다.

일단 시작하세요!

그럼, 이제 본격적으로 수업을 시작하겠습니다.

나는 어떤 책을 쓸 수 있을까?

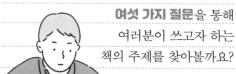

이번 시간의 키워드는
'발견'과 **'주제 잡기'**입니다.
여섯 가지 질문을 통해
여러분이 쓰고자 하는
책의 주제를 찾아볼까요?

여섯 가지 질문을 통해
나를 먼저 파악하자

혹시 뮤지컬 영화 〈레미제라블〉 보셨나요? 빅토르 위고의 소설
도 좋았지만 영화 역시 무척 감동적이었습니다.

장발장은 굶주린 조카들을 위해 훔친 빵 한 조각 때문에 감옥
에 갇히고 탈출을 시도하다 19년 동안 감옥살이를 한 사람입니다.
세상을 향한 원망밖에 없던 그는 자신에게 손을 내밀고 도움을 준
미리엘 주교 덕분에 과거의 자신을 버리고 새로운 사람이 되어 행
복한 삶을 살게 됩니다. 그런데 어느 날 자신과 닮은 사람이 장발
장으로 오해받아 재판을 받게 된다는 것을 알게 됐습니다. 그 사실
을 모른 척하고 살면 계속 행복하게 살 수 있었습니다. 그를 의지
하는 사람도 많았고, 앞으로 해야 할 일도 많았죠.

하지만 그는 세상과 자기 자신에게 'Who am I?'라는 질문을 던집니다. 그 질문에 답하며 진정한 자신을 찾게 되죠.

어쩌면 우리의 삶도 이와 비슷하지 않을까요? 바쁜 나날을 핑계대고 복잡한 질문은 잊고 살아가지만 어느 날 우리는 저 질문에 맞닥뜨리게 됩니다. 잠자리에 누워 깜깜한 천장을 바라볼 때, 비 오는 날 카페 창가에 앉아 떨어지는 빗방울에 시선이 머물 때, 커피 한 잔을 마시며 무심히 창밖의 사람들을 쳐다볼 때…

'내가 지금 도대체 뭘 하고 있는 거지? 누구를 위해 이렇게 바쁘게 살고 있는 거지?'

하지만 바쁜 일상으로 인해, 어쩌다 떠오른 그 질문들은 오래 가지 않습니다. 더 무르익어야 하는 사색은 중단됩니다. 안타깝고 아쉬운 일입니다.

궁금한 내용은 빠른 검색으로, 얼굴을 마주 보며 대화하던 시간들은 점점 단문의 채팅이 대신하게 됐습니다. 이제는 여유 있는 시간도 미리 준비해야 하는 세상이 됐습니다. 세상이 너무나 빠르게 변하다 보니 우리도 달리지 않을 수 없습니다. 마치 하트 여왕의 궁전에서 도망치던 엘리스가 잠시 서 있기만 해도 뒤처지고, 열심히 뛰어야 겨우 제자리에 있을 수 있었던 것과 같습니다. 우리가 안간힘을 쓰는 건 성장이나 발전이 아니라 단지 제자리를 유지하기 위한 것인지도 모르겠습니다.

책을 쓰는 과정 역시 점점 빨라지고 있습니다. 바로 마실 수 있는 인스턴트 커피처럼 짧은 시간 안에 작가가 되기를 원하는 사람들과, 그런 이들의 요구에 부응해 짧은 시간에 책을 쓰고 출간하게 해주겠다는 강의들이 주변에 넘쳐납니다. 그런데 깊은 고민과 사색 그리고 경험이 바탕이 되지 않은, 그저 다른 사람들의 이야기만으로 채운 책이 무슨 의미가 있을까요? 세상에는 1년에 스무 권의 책을 내는 사람도 있고, 사나흘 만에 책 한 권을 뚝딱 쓰는 사람도 있습니다. 물론 타고난 필력과 속도와 내공이 달라서이겠지만 적어도 처음 책 쓰기를 시작하는 분들이 목표로 삼을 건 아닌 것 같습니다.

여러분은 어떤가요? 눈으로 한 번 읽히고 던져지는 인스턴트 책을 쓰기를 원하나요? 책을 냈다는 게 전부가 아니라, 오래도록 사람들이 아끼고 좋아하는 책을 쓰는 게 더 중요하지 않을까요? 내 책에 쓰여진 나의 삶과 생각을 존중받는 그런 책의 저자가 되고 싶지 않은가요?

그렇다면 여러분에게 먼저 필요한 건 장발장이 던졌던 'Who am I?'라는 질문입니다. 지금까지 살아왔던 나의 삶에 대한 깊이 있는 성찰이 필요합니다. 책을 쓰기 전 나에게 질문을 던져봐야 합니다. 나의 대답이 글로 표현되는 것이 바로 책이니까요.

다만 갑자기 질문하고 답하는 건 꽤나 당황스러운 일이죠. 그래서 천천히 생각해 볼 수 있는 질문 여섯 가지를 준비했습니다.

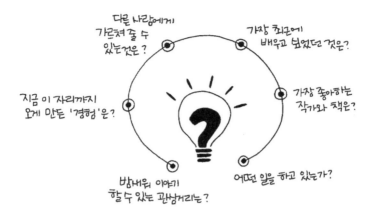

💬 【질문1】어떤 일을 하고 있나요? 어떤 일을 잘 알고 있나요?

너무 막막할지도 모르겠습니다. 어떤 분은 회사 생활을 수십 년 해오면서도 막상 질문을 받아보니 내가 '잘' 알고 있는 게 뭔지 모르겠다는 분도 계시더군요. 너무 어렵게 생각하지 마세요. '이건 내가 좀 잘 아는 것 같아!' 정도면 됩니다. 범위를 조금 좁혀 보세요.

예를 들어 여러분이 하는 일이 '영업'이라고 가정해 보겠습니다. '내가 잘 알고 있는 건 영업이다.' 이건 너무 큰 개념이죠. 아무리 '영업의 신'이라 불린다 해도 영업에 대한 모든 것을 다 잘 알지는 못합니다. 개인을 대상으로 한 영업도 있고, 기업을 대상으로 한 영업도 있습니다. '잘 알고' 있다는 걸 기준으로 생각해 보면 누군가를 만나 '커뮤니케이션'을 잘할 수도 있고, '경쟁 PT'를 잘할 수도 있습니다. 혹은 직접 상품을 들고 나가 판매하는 걸 잘할 수도 있겠죠. 이 중에 여러분은 어떤 걸 잘 알고 있다고 생각하나요?

'편의점'을 예로 들어 볼까요? 아르바이트를 해본 경험이 있다면 '진상고객을 상대하는 방법' '물건을 잘 보이게 진열하는 방법' '유통기한 지난 물건을 처리하는 방법' 등 편의점에서 꼭 필요한 일들 중에서 내가 제일 능숙했던 부분이 있을 겁니다. 조금 더 쉬워졌죠?

'일'을 떠올리는 게 싫다면 '일상생활'에서 잘 알고 있는 걸 생각해 볼까요?

해외직구 방법, 호텔 싸게 예약하는 법, 그림 그리기, 낙서하기, 떨지 않고 말하는 법, 소맥 황금비율로 제조하기, 라면 잘 끓이기, 진짜 맛집 구별법, 혼자 하는 여행 등 종류도 다양합니다. 이런 것만 잘해도 여러분은 다른 사람들과 구별되며, 아는 것과 잘하는 게 많은 꽤 괜찮은 사람이란 걸 알게 됩니다. 자신감을 가지세요! 여러분은 그동안 충분히 잘해왔고, 중요한 것들을 많이 알고 있습니다.

그런데 여기서 끝나는 게 아닙니다. '왜 그렇게 생각하나요?' '왜 잘 알고 있다고 생각하나요?' 이런 질문에도 답을 해봐야 합니다.

'해외직구 방법'을 잘 알고 있다고 생각했다면 그 이유는 '많이 해봤기 때문'일 것입니다. 이처럼 그 이유까지 적을 수 있어야 질문에 대한 답이 완성됩니다.

💬 【질문 2】 가장 좋아하는 작가와 책은 무엇인가요?

두 번째 질문입니다. 여러분은 어떤 작가를 제일 좋아하나요?

세상에는 수많은 작가가 있으니 딱히 장르는 정하지 않겠습니다. 에세이, 소설, 실용서 다 상관없습니다. 어떤 작가를 좋아하나요? 빨리 떠오르지 않는다면 서재나 책꽂이를 훑어보세요, 책상 위를 살펴보세요. 어떤 책들이 보이나요? 그 책들 중에 특별한 사랑과 관심을 받은 책이 있나요? 읽고 싶어서 직접 산 책들이 대부분일 겁니다. 선물 받은 책들도 있겠죠. 그 책들에 어떤 내용이 담겨 있었는지 생각해 보세요.

가장 좋아하는 작가를 고를 수 없다면 괜찮습니다. 그냥 '이 작가의 작품이 괜찮았던 것 같아!'라고 생각되는 작가는 한두 명 있겠지요. 우리가 작가의 삶을 모두 알 수는 없습니다. 제가 ≪드래곤 라자≫라는 책을 좋아한다고 해서 그 책을 쓴 이영도 님의 인생을 모두 알고 무조건 존경하지는 않습니다. 글투가 좋고 글을 전개하는 방식이 마음에 드는 거죠.

좋아하는 작가가 생각났다면 왜 좋은지도 간단하게 적어보세요.

오래 전 수강생 중 한 분이 진지한 얼굴로 이렇게 물었습니다.

"혹시… 만화책은 안 되나요?"

당연히 됩니다. 한 권의 책이 한 사람의 인생에 영향을 미치는 것처럼 한 권의 만화책도 감동을 주기에 충분합니다(참고로 그분이 선택한 책은 ≪원피스≫, 주인공은 '루피'였습니다).

 【질문 3】 가장 최근에 배우고 싶었던 것은 무엇인가요?

최근에 무언가 배우고 싶다고 생각했던 적이 있나요? 딱히 떠오르는 게 없다면 곰곰이 생각해 보세요. 자전거를 좋아한다면 직접 수리 방법을 배우고 싶었던 적은 없나요? 날씨 좋은 날 공원에서 드론을 날리는 사람들을 보며 나도 한 번 해보고 싶다고 생각했던 적은? 많은 사람의 공통 관심사 중 하나인 '외국어 공부'는 어떤가요? 카페에서 맛있는 드립 커피를 마시며 직접 내려보고 싶다는 생각을 한 적은 없나요? 퇴근 후 마시는 맥주를 수제로 직접 만들어 보고 싶었던 적은?

무엇이든 좋습니다. 추상적인 것도 괜찮습니다. 그동안 다른 사람들과의 관계에서 너무 많은 상처를 받았다면 '상처받지 않는 법'에 대해 알고 싶지 않나요? '왜 내 일은 잘 풀리지 않는 걸까?'란 생각을 평소에 자주 한다면 '일이 잘 풀리는 방법'을 배우고 싶지 않나요?

가장 최근에 떠오른 바로 그것을 적어 주세요. 그리고 역시 '왜'에 대해서도 답해 보세요?

왜 외국어를 배우고 싶어졌나요? 왜 맥주를 직접 만들어 보고 싶어졌나요? 왜 드론을 배우고 싶은가요?

모든 일에는 이유가 있습니다. 그 이유를 생각한 후 적어 보세요.

~~~~~~

~~~~~~

【질문 4】 다른 사람에게 가르쳐줄 수 있는 건 무엇인가요?

앞에서 '내가 잘 알고 있는 것'에 대해 이야기했습니다. 이번에
는 같지만 약간 다릅니다. 음, 이렇게 생각해 보죠.

열 명 정도가 함께하는 작은 강의실에 와 있습니다. 잠시 후 여
러분은 사람들 앞에서 15분 정도 무언가를 이야기해야 합니다. 시
간이 얼마 남지 않았습니다. 바로 시작해야 합니다. 어떤 이야기를
할 수 있나요?

다른 사람에게 가르쳐줄 수 있는 '나만의 것'으로는 무엇이 있을
까요? 잘 알고 있는 걸 넘어 이건 '내가 쉽게 잘 가르쳐줄 수 있다'
고 할 수 있는 게 없을까요?

분명히 있습니다. 이런 질문에도 제가 가장 많이 들었던 대답은
"남들에게 이야기할 만한 게 없어요, 제 삶은 너무 평범해요."였습
니다. 아니, 결코 그렇지 않습니다. 그렇게 생각하는 건 여러분이
가진 경험이 다른 사람에게 전할 만큼 대단하지 않다고 스스로 생
각하기 때문입니다.

좀 더 쉽게 접근해 볼까요? 첫 출근에 관한 이야기는 어떤가요?

신입사원들에게 해주고 싶은 이야기가 있다면? 첫 출산 때 준비해야 하는 것들은 뭐가 있을까요?

　스마트폰으로 사진 잘 찍는 법, 간편한 냉장고 정리법, 세제를 절약할 수 있는 설거지 방법, 유튜브에 올릴 영상 편집 노하우 등 생각해 보면 내가 다른 사람들에게 가르쳐줄 수 있는 것들이 꽤 많이 있습니다. 그걸 생각한 후에 적어 보세요.

〰〰〰〰〰〰〰〰〰〰〰〰〰〰〰〰〰〰〰〰〰〰〰〰〰〰

〰〰〰〰〰〰〰〰〰〰〰〰〰〰〰〰〰〰〰〰〰〰〰〰〰〰

〰〰〰〰〰〰〰〰〰〰〰〰〰〰〰〰〰〰〰〰〰〰〰〰〰〰

〰〰〰〰〰〰〰〰〰〰〰〰〰〰〰〰〰〰〰〰〰〰〰〰〰〰

〰〰〰〰〰〰〰〰〰〰〰〰〰〰〰〰〰〰〰〰〰〰〰〰〰〰

 【질문 5】지금 이 자리까지 오게 만든 '당신의 경험'은 무엇인가요?

　이번에는 경험에 대한 이야기를 해볼까요?

　스티브 잡스, 다들 아시죠? 그가 생전에 했던 연설 중 가장 많이 회자되는 것 중 하나가 바로 스탠퍼드 대학의 졸업 축사입니다. 잡스의 연설에 졸업생들은 물론 세계의 많은 사람들이 열광했습니다.

"과거에 있었던 일들은

각각 하나의 사건과 하나의 점들에 불과했으나,
돌이켜 보면 그 각각의 점들은 하나의 선으로 이어져
나를 이곳까지 오게 만들었다."

잡스는 다니던 대학을 중퇴한 후 '서체'에 관심을 가지게 되어 강의를 들었는데 그때의 공부가 오랜 후 애플의 멋진 서체를 탄생시킨 겁니다.

'각각의 점들은 하나의 선으로 이어졌다.'

처음에는 이 말이 쉽게 이해되지 않았습니다. 하지만 세월이 지난 후 경험을 통해 이 말이 진리라는 걸 깨닫고 있습니다.

제 삶에도 돌이켜 보면 이런 '점'의 순간들이 분명 있었습니다. 대학을 선택할 때, 군대에 갈 때, 처음으로 독서모임에 갈까 말까 망설였던 순간, 결혼, 퇴사를 고민하던 때 등 각각의 점들이 이어져 현재의 저를 만들었고 앞으로도 그 선은 점으로, 그리고 다시 선으로 이어지게 될 게 분명합니다.

여러분도 그렇지 않은가요? 분명 '아, 그때!' 하고 생각나는 순간들이 있을 겁니다. 그게 바로 인생의 점이죠. 생각해 보세요. 가까운 사람과의 이별, 혼자 떠난 여행, 난생 처음 밤하늘을 천체망원경으로 보았을 때의 환희, 나를 울린 사랑과 배신의 순간 등이 떠오를 것입니다. 다만 바쁜 현실 속에서 잊고 있었고, 기억하지 못하고 있었을 뿐입니다. 그때를 생각해 보세요. 그리고 하나하나 적어 보세요. 그 점들이 어떻게 이어져 선이 되고 지금의 나를 만들었는지….

_____

_____

_____

_____

_____

💬 【질문 6】 밤새워 이야기할 수 있는 당신의 관심사는 무엇인가요?

자, 이제 마지막 질문입니다. 이번에는 '관심사' 혹은 '관심거리'에 대해 이야기해 보죠.

요즘 여러분의 가장 큰 관심사는 뭔가요? 거창한 것이 아닙니다. 예를 들어 뭔가에 꽂혀 있을 때는 누구를 만나더라도 그 이야기를 자꾸 반복하게 됩니다. 어떤 게 있을까요? 요즘 어떤 것에 자꾸 관심이 가는지요?

만약 결혼을 준비 중이라면 '결혼 준비', 창업을 생각하고 있다면 '창업 준비', 지금처럼 책 쓰기를 준비 중이라면 '책 쓰기'가 될 수 있을 겁니다.

결혼 생활에 관한 이야기는 어떠세요? 각각 혼자 살던 남녀가 부부가 되어 함께 살게 됩니다. 너무 다른 사람 둘이 가족이 되어 서로 맞춰 가며 살기 시작합니다. 아이의 탄생도 빠트릴 수 없습니다. 아이가 태어나면 무엇이 달라질까요?

심각한 소재도 좋고 가벼운 이야기도 상관없습니다. 다만 무엇이 되었든 여러분의 목소리로 여러분의 이야기를 들려주어야 합니다.

$\sim\sim\sim$

$\sim\sim\sim$

$\sim\sim\sim$

$\sim\sim\sim$

$\sim\sim\sim$

💬 질문을 던지는 이유

지금까지 여섯 개의 질문을 했습니다. 수강생들은 이런 질문을 자주 해옵니다.

"선생님, 저는 어떤 책을 쓰면 되나요?"

이것에 대해 제가 드릴 수 있는 말은 하나밖에 없습니다.

"어떤 삶을 살아오셨나요?"

여러분의 삶은 이미 많은 이야기를 담고 있습니다. 그리고 그 이야기를 발견하기 위해서는 끊임없이 질문을 던지고 대답해 봐야 합니다. 물론 나의 삶과 전혀 상관없는 이야기를 책으로 쓰는 사람들도 있습니다. 이상하게 그런 책들이 잘 팔리는 경우도 있죠.

하지만 저는 여러분이 책을 쓰면서 좀 더 솔직해졌으면 좋겠습니다. 그 나라에 가본 적도 없고 그 나라 학생들을 만나본 적도 없으면서 자료조사를 토대로 그 나라의 '공부법'에 대해 정통한 것처럼 책을 쓰거나, 시선을 끌기 위해 유명 대학의 이름을 제목에 넣는다거나 그럴싸하게 포장을 했지만 어디서 긁어온 듯 인용으로만 가득하고 자신의 생각과 경험은 거의 들어 있지 않은 책이 많습니다. 그런 책을 쓰고 싶진 않으시죠?

만약 '됐고, 나는 그냥 책 한 권만 내면 돼!'라고 생각하는 분이라면 이 책은 더 이상 읽을 필요가 없습니다.

"저는 당신의 책이 당신을 말했으면 좋겠습니다."

지금까지는 다른 사람들의 이야기를 들으며 살아왔다면 이제 자신의 이야기를 들려주는 삶으로 바꾸어 나갔으면 합니다. 이를 위해서는 여섯 가지 질문 외에도 더 많은 질문을 자신에게 계속 던져야 합니다.

'당신의 책은 바로 당신 자신입니다.'

책의 주제를 잡아보자

 질문에서 주제를 도출해 보자

질문이 너무 많았죠. 다음 두 가지 이유 때문입니다.

첫째, 각각의 질문에 답을 하는 과정에서 여러분 각자에 대해 좀 더 정확하게 알 수 있기 때문입니다.

둘째, 각각의 질문에 답을 하는 과정에서 '나는 어떤 책을 쓸 수 있을까?'에 대한 정말 중요한 힌트가 나옵니다.

그래서 각각의 질문들은 개별적이지 않고 서로 중복되기도 합니다. 그럼, 이를 바탕으로 우리가 어떤 책을 쓸 수 있을지 주제를 잡아보겠습니다.

💬 당신이 잘 알고 있다고 생각하는 것 / 가르쳐줄 수 있는 것

본인이 잘 알고 있는 것에 대해 적으면서 '아, 아직 내가 잘 알고 있는 건 아니구나!'라는 깨달음을 얻었을지도 모릅니다.

맞습니다! 우리는 우리가 하고 있는 일들을 100% 정확히 알지 못합니다. 그 상태에서 우리는 업무 인수인계를 하고, 때로는 사람들에게 조언을 하기도 합니다.

누군가에게 뭔가를 배울 때 이런 말을 해본 적이 없나요?

"잘 알지도 못하면서…."

이 책을 읽는 분들께 이런 말을 듣게 될까봐 저도 긴장하지 않을 수 없습니다.

그런데 책 쓰기는 이런 '잘 알지도 못하는 것'을 '잘 알게 만들어주는' 과정입니다.

프랜시스 베이컨은 '독서는 완전한 사람을 만들고, 토론은 부드러운 사람을 만들며, 글쓰기는 정확한 사람을 만든다'는 유명한 말을 남겼습니다. 글쓰기만으로도 정확한 사람이 된다니 책 쓰기는 얼마나 더 정확한 사람을 만들어 줄까요? 음, 정확한 사람이라고 하면 좀 딱딱해 보이니 '구멍 난 부분을 채워주는 사람'이라고 바꿔 말할게요.

그런데 책은 어떤 분야에서 오래도록 일을 해서 모르는 것이 거의 없는 '전문가'가 써야 하지 않나요? 맞습니다, 그래야죠. 전문성 없이 전혀 경험해 보지도 않고 책을 쓴다는 건 '소설'에 지나지 않습니다. 아니, 소설가도 한 편의 소설을 쓰기 위해 엄청난 노력을 기울이죠. 만화 작가들도 마찬가지입니다. ≪미생≫의 작가 윤태호는 큰 기업에서 근무해 본 경험이 없지만 신입사원과 직장인의 애환을 소름 끼치도록 구체적으로 그려 사람들의 마음을 사로잡았습니다. 수많은 사람을 만나고 끊임없는 인터뷰와 질문을 통해 자료를 수집했기 때문입니다.

좀 더 가벼운 주제도 괜찮습니다. 앞에서 '내가 가르쳐줄 수 있는 것'으로 '유튜브에 올릴 영상 편집하는 법' '스마트폰으로 사진 잘 찍는 법' 등을 얘기했죠? '라면 잘 끓이는 법'이나 '냉장고 간편 청소법' 등도 괜찮습니다.

이런 것들을 가지고 책을 만들 수 있냐고요? 물론입니다. 그냥 아는 것과 다른 사람에게 가르쳐주는 건 완전히 다른 이야기죠. 학생 때 그런 경험 있지 않나요? 선생님이 가르쳐주는 건 잘 모르겠는데 옆자리 친구가 알려주는 건 찰떡같이 이해가 되던 경험! 책 쓰기에서도 분명 가능합니다.

잘은 알지 못하더라도, 이제 알게 된 것을 전하는 것도 괜찮습니다. 열심히 살아온 인생, 잠시 쉬어가며 질문을 던지는 건 어떨까요? 하완 작가의 ≪하마터면 열심히 살 뻔했다≫, 피터 킴 작가의 ≪시작 노트≫, 이지은 작가의 ≪참 좋았다, 그치≫를 참고해 보세요. 꼭 완벽하게 성공한 사람만 인생에 관한 이야기를 할 수 있는 건 아닙니다. 완벽하지 않은 상태에서도 가능합니다. 최근 몇 년간 '에세이' 책들이 엄청나게 사랑을 받았습니다. 가볍지만 위로받을 수 있는 진솔한 글들, 짧지만 깊이 생각해 볼 수 있는 글들을 사람들은 이제나 저제나 기다려 왔던 거죠.

 가장 좋아하는 작가와 책, 나의 관심을 끄는 것들

좋아하는 작가와 책을 주제로 해보는 건 어떨까요? 팬심을 한껏 이용해 책을 쓰는 일, 불가능할까요? 가능합니다.

'셜록', 다 알고 계시죠? 요즘에야 영드 〈셜록〉이 더 유명하지만 셜록 홈즈를 탄생시킨 건 소설가 '코난 도일'입니다. 마이클 더다는 ≪코난 도일을 읽는 밤≫을 통해 자신이 셜록에 대한 덕후임을 입증했습니다. 평생 동안 사랑한 소설 작품과 작가에 대한 책이기에 쓰면서도, 쓰고 나서도 행복했겠죠. 그 책을 읽는 '셜록 홈즈'와 '코난 도일'을 사랑하는 독자들도 모두 행복하지 않았을까요? 그가 쓴 책의 한 구절을 읽어보죠.

지금 이 순간까지도 ≪바스커빌 가문의 개≫를 사도록 나를 충동질한 소식지의 요약본을 기억해 낼 수 있다. 그 불길한 제목 때문만은 아니었던 것이다! 소식지에는 페이퍼백 표지 그림의 축소판이 실렸는데, 달빛 비치는 바위 위에 쭈그리고 앉아 이글거리는 눈을 빛내는 어둠침침한 '무언가'가 그려져 있었다. 게다가 스릴 넘치는 문구마저 불을 활활 뿜었다. '한밤중 황무지에서 불쑥 튀어나와 공포와 폭력적인 죽음의 기운을 퍼뜨리는 이것의 정체는 무엇인가?' 당연히, 지옥의 가장 깊은 곳에서 튀어나온 괴물 같은 하운드 견 아니겠는가! 내가 신청한 바로 그 책을 펼쳐 들었을 때, 안쪽 페이지 해설 부분에는 괴물이 좀 더 상세하게 설명되어 있었다 … ≪바스커빌 가문의 개≫는 나에게 이빨 자국을 남겼고, 그때까지는 잠잠했던 독서에의 진지한 열정을 불러일으켰다. 마지막 페이지에 이르렀을 무렵, 나는 더 이상 이전과 똑같은 열 살짜리 소년이 아니었다.

이 글을 읽으며 왠지 가슴이 두근거렸다면 저와 비슷한 분이 아닐까요? 마이클 더다는 어릴 때 ≪바스커빌 가문의 개≫를 읽기 위한 완벽한 순간을 기다렸다고 합니다. 우선 집에 아무도 없어야 해요. 이왕이면 비바람이 몰아치는 날이 좋죠. 그런 날 책의 포장을 벗기고 이불을 뒤집어쓰고 숨을 죽입니다. 그리고 숨을 한 번 크게 내쉰 후 읽기 시작합니다. 어떤가요? 가슴이 심하게 두근거리지 않습니까?

정말 재미있는 책을 만나면 책장 넘어가는 게 아쉬울 때가 있습니다. 몇 장 남지 않으면 "아, 벌써 끝나는 거야?"라고 혼잣말을 하죠. 안타까워서 말입니다. 저에겐 ≪셜록 홈즈≫ 시리즈가, ≪반지의 제왕≫이, 정유정 작가의 소설 ≪7년의 밤≫이 그랬습니다.

제가 대학 시절 썼던 졸업논문은 〈반지의 제왕에 담긴 기독교적 의미〉였어요. 좀 거창하죠? 제가 좋아하는 주제로 논문을 쓰다 보니 쓰는 내내 즐거웠습니다. 소설 자체도 재미있었지만 저자 J.R.R 톨킨이 누구인지, 그는 왜 이런 책을 썼는지, 이 작품은 어떤 의미를 지니고 있는지 등 제가 셜록이 된 것처럼 하나하나 밝혀 가는 것도 흥미로웠죠.

여러분도 저처럼 이렇게 시작해 보는 건 어떨까요?

내가 좋아하는 것들

요즘 무엇을 좋아하나요? 자꾸 관심이 가는 것이 있습니까? 사물이나 사람, 영화, 애니메이션 등 뭐든 좋습니다. 좋아하는 것에서 가볍게 시작해 보는 겁니다. 주제를 잡는 가장 좋은 방법 중 하나입니다.

만약 여러분이 '만화'에 빠져 있다면 어떨까요? ≪슬램덩크≫ ≪원피스≫ ≪원펀맨≫ ≪소드 아트 온라인≫을 기억하나요? 조금 더 과거로 가볼까요? ≪빨강머리 앤≫ ≪곰돌이 푸≫ ≪디즈니

명작만화≫ 시리즈는 또 어떤가요? 정말 많죠?

여기서 시작해 보세요. 널리 알려진 만화에 관한 이야기로 시작하면 시선을 끌기 쉽고 모두 다 이해한다는 장점이 있습니다.

≪슬램덩크≫는 1990년에 처음 나왔습니다. 정말 오래 됐죠? 덕분에 ≪슬램덩크≫는 이제 중·고등학생부터 60대 이상의 분들까지 알고 있을 정도로 전 세대를 관통하는 만화가 됐습니다. 만약 이 만화가 사람들에게 큰 영향을 미쳤다면 다음과 같은 대사 때문일 겁니다.

"포기하면 그 순간이 바로 시합 종료다."

"널 위해 팀이 있는 게 아니야, 팀을 위해 네가 있는 거야."

안 감독님이 했던 촌철살인의 말들을 모아 ≪슬램덩크에서 배우는 인생≫이라는 제목으로 책을 한 권 쓸 수도 있지 않을까?

정말 이런 일이 가능한가요? 물론입니다. ≪슬램덩크 승리학≫이란 책이 2001년에 출간되었습니다. 절판되었던 이 책은 2018년 11월 ≪강백호처럼, 영광의 순간을≫이란 제목으로 재출간되었죠. 목차를 살펴보겠습니다.

ROUND 01 노력은 올바르게

ROUND 02 자주적인 목표 설정

ROUND 03 목표달성을 위한 이해와 각오

이렇게 구성되어 있습니다. 목차만 보면 다른 '자기계발서'들과 큰 차이가 없죠. 그런데 ≪슬램덩크≫는 다릅니다.

노력과 행동에는 결과가 뒤따른다. 그 형태는 원하지 않던 모습일 수도 있다. 목표가 높으면 높을수록 결과에 대한 평가는 엄격해지기 마련이다. (중략) 승부에 졌을 때 낙담하고, 결과가 나쁠 때 고민하는 것은 지극히 당연한 일이다. (중략) 결과를 받아들이는 사고의 차이가 결과의 차이를 낳는다.

이렇게 노력과 결과에 대해 말하며 만화 속 한 장면을 곁들입니다. 북산에 패배한 산왕공고 감독의 대사는 지금 봐도 얼마나 멋진지요!

"우리가 진 것이 얼마 만이냐.
이번 경험은 커다란 재산이 될 것이다."

≪슬램덩크 인생특강≫이란 책도 출간되어 있죠. 슬램덩크 마니아 스물세 명이(무려 23명!) 함께 공저한 책입니다. 슬램덩크에서 인생을 배운 친구들이 이제 성인이 되어 이 책의 한 구절 한 구절을 자신들의 경험으로 재해석한 내용을 담고 있습니다.

"영감님의 영광의 시대는 언제였죠?
국가대표였을 때였나요? 난 지금입니다."

여전히 저를 설레게 하는 대사입니다. 두근거리지 않나요? 그리고 좀 억울하지 않나요? '나도 쓸 수 있었는데…'
정말 가슴이 철렁 내려앉는 경험을 한 적이 있습니다.
'책 쓰는 토요일' 강의 때마다 ≪슬램덩크≫와 더불어 ≪원피스≫ 이야기를 해왔어요. 1997년에 시작했던 이 만화 역시 아직 끝나지 않았기에 세대를 넘어 공감을 얻을 수 있는 책이죠. "주인공 루피의 멋진 대사에 주안점을 두고 동료들과의 믿음, 이런 내용으로 '최고의 팀 만들기'라는 주제의 책을 쓸 수 있지 않을까요?" 이렇게 이야기해 오다 '아, 맞다. 내가 쓰면 되겠네!'라는 생각을 했습니다. 열심히 자료를 모으던 중 ≪원피스식, 세계 최강의 팀을 만드는 힘≫이 2012년에 이미 출간된 걸 확인했습니다.

쿵, 가슴이 무너지더군요. '역시 세상에는 같은 생각을 하는 사람이 많구나!'라는 사실을 깨달았죠. 그리고 시간이 지났습니다. 2016년에는 ≪원피스식 인생철학 : 루피가 사소한 일에 목숨을 거는 이유≫가 나왔네요! 더 말하지 않겠습니다.

내가 먼저 쓰지 않으면 이 세상의 누군가는 반드시 그 내용으로 책을 쓰고, 그 책을 서점에서 발견하는 순간 우리의 가슴은 무너져 내릴 겁니다.

이외에도 사례는 너무 많습니다. ≪빨강머리 앤이 하는 말≫은 이래도 되나 싶을 정도로 많이 팔렸죠. ≪곰돌이 푸≫도 "행복한 일은 매일 있어!"라고 이야기하고, 보노보노도 ≪보노보노의 인생 상담≫으로 한마디 하기 시작합니다. 이러다 만화 왕국이 되는 건가요?

영화, 미드, 음식 모두 마찬가지입니다. 만약 여러분이 미드나 일드에 지금 푹 빠져있다면 이것도 좋은 주제가 됩니다. 우리 드라마와의 차이점은 어떤 게 있는지, 강력하게 추천하는 드라마는 뭐가 있는지 써보는 것도 가능하지 않을까요? 무엇을 써야 할지 모르겠다면 좋아하는 것부터 시작해 보세요. 지금은 취향의 시대입니다.

내가 좋아하는 것, 예를 들어 만화나 영화에 관한 책을 쓴다면 큰 장점이 하나 있습니다. 만화책을 더 많이 읽더라도, 영화에 더 깊이 빠져들더라도 얼마든지 괜찮습니다! 주위에서 그러지 말라고 뜯어말려도 당당합니다.

'자료 조사' 중이고 '책'을 쓰고 있기 때문입니다.

💬 최근에 배우고 싶은 것

앞에서 '내가 잘 알고 있는 것'과 '가르쳐줄 수 있는 것'에 대해 알아봤습니다. 그럼 이런 질문은 어떨까요?

"요즘 배우고 싶은 게 있나요?"

"아무것도 없어요!"라고 대답하면 제가 좀 무안할 것 같습니다.

처음 책을 쓰려는 분들에게 가장 좋은 주제 중 하나가 바로 이 '배우고 싶은 것'입니다. 왜일까요? 초심자일 때 사람들은 궁금한 것도 많고 가장 많은 자료를 수집하기 때문입니다.

예를 하나 들어 볼게요. 요즘 '유튜브'가 아주 핫합니다. 너도나도 유튜브 채널을 만들다 보니 평소 관심 없던 사람들도 '어떻게 하는 거지?' 하는 궁금증이 생깁니다. 여러분이 배우고 싶은 게 '유튜브 채널을 만들어 영상을 올리는 방법'이라고 가정해 볼게요. 그러면 질문이 생깁니다.

'촬영은 뭐로 해야 하지? 마이크와 조명은? 그리고 영상은 어떻게 올리는 거야?'

해답을 찾는 과정에서 점점 더 질문이 많아지게 마련입니다. 이렇게 질문을 찾아가는 과정을 책으로 써보면 어떨까요?

내로라하는 유튜버가 얼마나 많은데 이제 막 시작한 사람의 책을 누가 사보느냐고요? 접니다! 저 같은 사람이 삽니다. 어떤 일을 시작하는 사람들이 품게 되는 작은 궁금증들은 그 단계를 지난지 오래된 전문가들은 해결해 주지 못합니다.

예를 들어 '부동산 경매'는 어떨까요? 경매의 초고수가 전하는 이야기를 열심히 읽고 들어야 하는 건 당연하지만, 이제 시작하는 사람들은 어디서부터 어떻게 시작해야 할지 모를 수밖에 없습니다. 이제 막 시작했다면, 수익을 조금씩 내기 시작했다면 그때가 책 쓰기에 딱 좋은 때죠.

마지막으로 하나만 더 예를 들어보죠. 서핑을 배우고 싶다면 한 번도 해보지 못한 이들은 어디에서 배울 수 있을까요? 혼자서도 가능할까요? 비용은 얼마나 들까요? 위험하지는 않을까요?

왕초보인 여러분이 조금씩 모은 하나하나의 지식들, 직접 부딪치며 배웠던 '진짜 경험'들은 아직 시작도 하지 못한 사람들에게 꼭 필요한 정보가 될 수밖에 없습니다. 이렇게 생각하면 뭔가 많이 아쉽지 않은가요? 이렇게 좋은 주제를 놓치고 살고 있었으니까요.

지금 당장 펜을 들지 않아도, 책을 쓰지 않아도 좋습니다. 하지만 무엇이든 배우고 있는 게 있다면 차분히 자료를 모으고 정리해 보세요. 사진을 찍고 생각을 메모하세요. 책 쓰기는 여기에서부터 시작됩니다.

 경험을 바탕으로 주제를 잡아보자

살며 겪었던 나의 경험에서 주제를 잡는 것도 좋습니다. 그럼 조금 더 진솔하게 이야기를 풀어갈 수 있지요.

앞서의 질문은 지금까지 살아오면서 가장 큰 영향을 미쳤던 경험이었습니다. 좋은 경험이었을 수도 있고, 다시는 기억하고 싶지 않은 것일 수도 있습니다. 사랑하는 사람과의 이별, 집안이 경제적으로 곤란에 처했던 일, 누구도 기대하지 않았건만 노력 끝에 우승했던 경험도 포함됩니다. 그 경험은 누군가에게는 한 줄기 빛이 되어줄 수도 있습니다. 그러니 그 경험을 필요로 하는 사람들을 위해 책을 써보는 건 어떨까요?

그래도 어렵게 느껴진다면 다음의 두 가지 경우로 나누어 생각해 봅시다.

먼저 여러분이 어느 정도의 '전문성'을 가지고 있을 때입니다. 이때는 모든 사람이 이미 다 알고 있는 것을 찾아 자신의 시각으로 재해석하면 됩니다.

'스티브 잡스'를 예를 들어보죠. 서점에서 '스티브 잡스'를 검색해 보면 100권 이상의 책이 나옵니다. 정말 많아요. 스티브 잡스에 대해 사람들은 무슨 할 말이 그렇게 많은 걸까요? 의심의 여지가 없습니다. 그에 대해 궁금한 게 많고 할 말이 많기 때문입니다. 그를 보는 사람들의 시선이 모두 다르기 때문이죠.

만약 '스타일리스트'의 눈으로 잡스를 보면 패션이 제일 먼저 눈에 띌 겁니다. 청바지와 검은색 터틀넥은 그의 트레이드 마크가 돼버렸습니다. 뉴발란스 운동화, 리바이스 501 청바지, 세인트크로이 검정 터틀넥, 루노 안경을 스타일리스트들은 제일 먼저 입에 올릴 겁니다. 젊었을 때와 패션 스타일이 많이 달라졌다는 것도 이야기할 수 있겠죠. 그의 옷차림을 따라하는 사람들에 대해서도 재미있게 얘기를 풀어 나갈 수 있을 겁니다.

시간관리를 잘하는 사람이라면 스티브 잡스처럼 옷을 입고 다니며 '사소한 선택의 시간을 줄이기 위해서'라고 강조한 후 자신의 의견을 덧붙일 수도 있습니다. 프리젠테이션 전문가라면 어떨까요? 스티브 잡스의 '키노트 연설'에 주목할 겁니다. 무대를 장악하는 방식, 키노트 장표의 활용, 음향 등 대중이 쉽게 눈치 채지 못한 점들을 부각시킬지도 모르죠. ≪스티브 잡스 프레젠테이션의 비밀≫ ≪스티브 잡스의 본능적 프레젠테이션≫ 등의 책이 있는 건 이런 이유에서입니다. 한 사람의 인물뿐 아니라 하나의 사물에도 각자의 경험이 담긴 시선으로 바라보기 때문에 가능한 일이죠.

두 번째는 전문성을 키워나가는 과정에서의 경험입니다. 이런 주제를 잡고 책을 쓰면 평범한 하루를 특별하게 만드는 마법 같은 경험을 할 수 있습니다. 정말 멋진 경험입니다! 이렇게 생각해 보죠. 직장생활을 하고 있는데 하루하루가 스트레스의 연속입니다. 당장 퇴사하고 싶지만 생활비가 필요하고 그만두면 갈 곳도 없으니 계속 다닐 수밖에 없습니다. 이렇게 매일 시간이 너무 아깝다는 생각을 하고 있다면 그때가 책 쓰기 좋을 때입니다. 아마 회사나 업무에 대한 불만도 상당할 거예요. 뭔가 시스템이 바뀌었는데 형편없어 보이고 마음에 들지도 않겠죠. 그렇다면 그 해결방안을 주제로 잡아보면 어떨까요?

'퇴사'하고 싶은 마음을 주제로 잡은 책 중에는 ≪퇴사하겠습니다≫ ≪퇴사학교≫ 등 다양한 책이 있습니다. 혹시 퇴사하는 사람을 말리고 싶다면 ≪무작정 퇴사하지 않겠습니다≫를 선물하기도 합니다. 이거 정말 혼란스럽네요. 퇴사, 해야 하는 걸까요? 아닌 걸까요?

이런 책을 써보라고 권하는 건 아닙니다. 중요한 건 자신만의 생각을 먼저 가져야 하며, 이런 주제들도 있다는 이야기입니다.

여러분이 하는 일이 '기획'이라고 가정해 보죠. 누구보다 열심히 일하고 성과를 올리고 있는데도 회사에서는 그다지 인정을 받지 못하고 있는 상황입니다. 처음에는 일을 도와줘서 고마워하던 사람들이 나중에는 도움을 당연하게 여겨 속상할 때도 있겠죠. 그렇다면 바로 그 내용으로 책을 써보는 건 어떨까요? 책을 준비해 가는 과정에서 중간중간 비어 있던 지식 창고는 꽉 채워지고 기획력은 더 날카롭게 다듬어질 겁니다. 남몰래 느꼈던 스트레스가 있다면 노트북 화면 위에 나의 글로 꽉 채워 풀어버리세요. 시간을 때우는 것에 불과하던 직장에서의 하루가, 회사는 성장하지만 나의 성장과는 거리가 멀게 느껴져 답답했던 가슴이 뻥 뚫리지 않을까요?

회사에서 느끼는 일들이 '내 책의 주제'이자 '내 책의 글감'으로 만들어지기 시작하면 하루하루가 달라집니다. 회사는 살아 있는 글감을 제공하는 최고의 장소죠.

그렇게 준비한 책이 출간되면 그때부터 여러분은 '기획력에 관한 책을 쓴 직장인'이 됩니다. ≪디자인씽킹으로 일 잘하는 방법≫ ≪인사이트, 통찰의 힘≫ ≪밥 먹고 똥 싸면서 발견하는 비즈니스 인사이트≫는 모두 직장인 저자가 쓴 책입니다. 여러분도 할 수 있습니다.

회사에서 '마케팅'을 맡고 있다면 마케팅에 대한 나만의 노하우와 '차별화'된 시선을 담아보면 어떨까요? '영업'을 하고 있다면 영업의 어려움을 담은 '세일즈 바이블'을 써보는 건 어떨까요?

여러분의 이야기가 너무 평범해서 걱정되나요? 그럼 이런 건 어떨까요? 여러분이 평소에 '물 마시기'를 좋아하는 사람이라고 가정해 봅시다. 물을 너무 좋아해서 여러분은 이것을 주제로 책을 쓰고 싶습니다.

연관해서 검색해 보니 두 권의 책이 베스트셀러로 떠오릅니다. ≪물, 치료의 핵심이다≫와 ≪물은 답을 알고 있다≫. 그런데 두 저자 모두 만만치 않네요. ≪물, 치료의 핵심이다≫의 저자 F. 뱃맨겔리지 박사는 1979년 이슬람 혁명의 정치범으로 수감된 적이 있습니다. 그때 자신이 가지고 있는 유일한 약을 사용해 3천 명의 수감자를 치료했는데, 그 약이 바로 '물'이었습니다. 어마어마하죠?

한편으론 이런 걱정도 슬며시 듭니다.

'이런 책들이 있는데 '내 작은 이야기'가 독자들에게 닿을 수 있을까?'

물론입니다! ≪물은 답을 알고 있다≫라는 책은 물에게 좋은 이야기를 계속해 준 후 물의 결정을 보면 너무나 아름다운데, 나쁜 이야기를 거의 저주에 가깝게 퍼부은 다음 살펴보면 너무나 보기 싫게 변한다는 내용을 담고 있습니다. 보통의 독자들은 '오, 신기한데?'라고 생각하고 맙니다. 하지만 물 마시기에 관심이 많은 사람이라면 직접 실험을 해보면 어떨까요? 이 책의 내용이 사실인지 아닌지 직접 확인해 보는 겁니다. '물'이 정말 몸에 좋다는 것을 이야기하고 싶다면 학자들의 말을 소개하고, 직접 21일 동안 혹은 그 이상의 기간 동안 정해진 양만큼 물을 마시며 효과를 기록하면 어떨까요?

≪인생을 바꾸는 아주 작은 습관≫은 저자가 '하루 두 잔 물 마시기 프로젝트'를 시작하며 과정과 결과를 기록한 책입니다. 직접 경험한 것이라면 더 자신 있게 책을 쓸 수 있고, 독자들에게도 그 진정성이 전해집니다.

💬 베스트셀러에서 배워라

이번 수업의 마지막 키워드는 '베스트셀러에서 배워라'입니다.

어떻습니까? 이제 무엇을 써야 할지 어느 정도 '감'이 오나요? 주제를 정하고 다음에 해야 할 일은 '과연 내 책은 어떤 모습일까?'에 대해 생각해 보는 것입니다. 이를 위해 내가 쓰려는 책의 카테고리에서 제일 잘 나가는 '베스트셀러'가 무엇인지 먼저 확인할 필요가 있습니다.

물론 베스트셀러 중에도 믿을 수 없는 책들이 많습니다. 제목이 좋아서 무조건 끌렸는데 제목만 좋고 내용은 빈약하다든지, 리뷰가 엄청난 것에 비해 책은 별로인 경우도 흔합니다.

제목에 외국의 유명 대학교 이름을 뻔뻔하게 붙인 책들도 많습니다. 내용을 보면 그 학교와 아무 연관이 없는데 말이죠. 사람들의 시선을 잡기 위해 터무니없는 제목으로 포장한 책들이 한두 권이 아닙니다.

물론 이런 책에서도 배울 부분은 있습니다. 제목을 어떻게 정했는지, 표지 디자인은 어떻게 되어 있는지, 목차를 어떻게 짰는지 살펴보는 겁니다. 어떤 디자인이면 좋을지, 어느 부분을 강조해야 할지 자신의 책에 대해 상상해 보세요. 상상만으로도 기분이 좋아집니다.

그럼, 이번에는 '베스트셀러'로 유명한 책이 아니라 우리 각자의 마음속에 있는 '나만의 베스트셀러'를 찾아보겠습니다.

수많은 책 중에서 여러분의 눈길을 끄는 책이 분명 있을 겁니다. 제목이 마음에 들어서일 수도 있고, 표지가 예뻐서일 수도 있어요. 작가의 프로필에 신뢰감이 갈 수도 있겠죠. 그게 무엇이든 이유가 있을 겁니다.

그렇다면 이런 책들을 벤치마킹하는 겁니다. 책 제목과 여러분을 사로잡은 바로 그 이유를 적어보세요.

이 책(≪책 쓰는 토요일≫)을 준비하며 유의 깊게 본 책은 ≪출판사 에디터가 알려주는 책 쓰기 기술≫입니다. 저자가 책을 쓰는 사람이라면 에디터는 책을 만드는 사람입니다. 에디터의 입장에서 제목부터 구성에 이르기까지 신경 써야 할 많은 부분들을 확인하고 싶었습니다.

또 한 권의 책은 ≪당신의 책을 가져라≫입니다. 사실상 '책 쓰기 코칭'은 이 책의 저자인 송숙희 선생님으로부터 시작되었다 해도 과언이 아닌데요. 책을 쓰고 싶은 사람들에게 주제를 어떻게 잡아야 하는지, 내용을 어떻게 구성해야 하는지 아주 자세하게 알려주고 있습니다. 특히 기획자의 시각으로 보고 있기 때문에 놓치기 쉬운 부분까지 챙길 수 있다는 장점이 있지요.

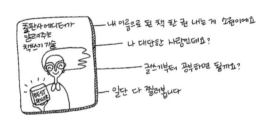

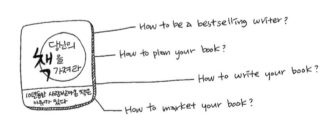

한 권은 믿을 만한 에디터가 쓴 책, 한 권은 유능한 기획자가 쓴 책이니 두 권 모두 읽어보기를 권합니다. 그리고 지금 읽고 있는 이 책까지 더한다면 에디터, 기획자, 저자 세 명의 시각을 가지게 되겠네요.

와우! 완벽합니다. 이제 시작하는 일만 남았습니다.

만다라트로 주제 발견하기

지금까지 글감 발견을 위한 6가지 질문에 하나씩 답을 했다면 여러분이 가지고 있는 이야기, 책으로 쓰면 좋은 주제들이 조금은 구체적으로 떠올랐을 겁니다. 그럼, 이제 떠오른 주제에 대해 어떤 내용을 더하면 좋을지 구체화시켜 보겠습니다.

먼저 9개의 칸이 필요합니다. 그리고 그 중앙의 칸에 쓰고자 하는 메인 주제의 키워드를 적어 주세요. 좋아하는 영화, 만화, 스무살의 여행, 첫사랑, 말하기, 글쓰기 등 뭐든 좋습니다. 그리고 나머지 8칸에는 메인 주제에 어울리는 키워드를 생각나는 대로 넣으면 됩니다. 이 방법을 '만다라트' 기법이라고 합니다. 머릿속에 있는 생각들을 꼬리에 꼬리에 물며 꺼낼 수 있는 아주 좋은 방법이죠. 책에 어떤 내용을 담아야 할지에 대해 좀 더 구체화시켜 줄 겁니다.

참고로 다음은 '책 쓰는 토요일'에서 수강했던 분들의 과제입니다. 이를 참고하여 여러분도 스스로의 질문에 대한 답을 만들어 보세요.

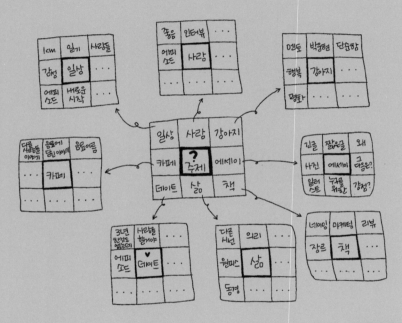

- 이지은 님

어떻게 철학, 인문학을 내 삶에? ①	피아노를 늦게라도 배웠던 ②	유럽여행 ③	연주여행의 꿈 →무대에서 그나라 언어로	내가 접한 외국어 ★★	Polyglot의 꿈 → 실제 그런 사람들
외국어를 동네에 2개 배웠던 ④	✏️ 책쓰기	정당 찾는 남자 ⑤	현재 유통되는 수많은 교육방법	외국어 동네에 2개?!!	우리네 외국어 교육
Revit을 실무에 ⑥	기업의 목적 & 비전 ⑦	3040이들에 접근 →우리는 모두 아티스트 ⑧	언어배우기 경험담 방법, 도구	Polyglot을 부러워만 할 일?	미래에는 번역기가 해결?

책이 안 써지는 건 글감 부족 때문!

이번 시간의 키워드는
'글감 수집'입니다.
우리 주변에서
쉽게 글감을
찾을 수 있는 방법을
알아보겠습니다.

글감을 수집하는 방법

　'나는 어떤 책을 쓸 수 있을까?'라는 문제를 고민하며 나에게 잘 맞는 주제에 대해 다각도로 생각해 본 지난 시간, 어땠나요? 멋진 주제들이 수면 위로 모습을 드러냈나요?

　본격적으로 책을 쓰기 전에 내게 도움이 될 만한 책을 베스트셀러 위주로 한 권 고르고, 또 내 마음이 가는 책을 골라 참고해 보기도 했습니다.

　이번 시간에 함께 나눌 이야기는 '글감 수집'입니다. 책 쓰기 과정은 '글감 수집'이 절반 이상을 차지한다고 해도 과언이 아닙니다.

　글감, 왜 필요할까요?

　'책 쓰는 토요일' 강의에 참석했던 분들에게서 급하게 연락이 올

때가 있습니다. 통화로 그칠 때도 있고 만남을 청하는 경우도 있죠.

"기획안을 보고 출판사에서 연락이 왔습니다. 어떻게 해야 할까요?"

흥분의 기색을 감출 수 없는 목소리입니다. 덩달아 제 목소리도 높아집니다. 완전 행복한 경우죠(할 이야기가 많은 만큼 이 부분은 '원고 투고. 그 이후의 일들' 부분에서 자세히 다루겠습니다).

"글이 잘 써지지 않습니다. 두 달 안에 마쳐야 하는데 어떻게 해야 하나요?"

기운이 하나도 없는 목소리의 주인공에게 저는 어떤 대답을 해줄 수 있을까요?

글이 잘 써지지 않는다고 하소연하는 사람이 많습니다. 사람마다 사정이 있고 원인을 찾자면 밑도 끝도 없습니다.

확실한 이유 중 하나는 '이야깃거리'가 떨어졌기 때문입니다. 처음 책을 쓸 때는 신이 나서 정말 빠른 속도로 페이지가 늘어납니다. 심지어 '생각하기도 전에 손이 먼저 달리는' 경험을 하기도 하죠. 이때 우리는 '그분이 오셨다'고 합니다. 나중에 다시 읽으면서 '어떻게 내가 이런 글을 썼지?' 하며 감탄할 때도 있죠. 어떻게 그런 일이 가능할까요? 그건 자신의 머릿속에 쌓였던 생각들이 책 쓰기라는 통로를 만나 한꺼번에 쏟아져 나왔기 때문입니다.

그런데 그런 순간은 결코 길지 않습니다. 생각지도 못한 순간이

곧 찾아옵니다. 노트북을 열고 자리에 앉았는데 단 한 줄도 쓰지 못하는 순간이 말입니다. 왜 그럴까요? 그나마 있던 재능이 바닥난 걸까요? 어느새 책 쓰기가 재미없어진 걸까요? 너무 피곤하기 때문일까요?

아닙니다. 그건 바로 '글감'이 떨어졌기 때문입니다. 그동안 머릿속에 있던 걸 다 꺼내어 썼기 때문에 더 이상 할 이야기가 없어진 겁니다. 책 쓰기를 요리에 비유하자면 '글감'은 요리 재료입니다. 재료가 많으면 많을수록 이것저것 필요한 것을 골라 넣을 수 있기 때문에 메뉴 선택의 폭도 넓고 요리의 맛도 더 좋아집니다.

그러므로 책 쓰기에서 가장 많은 신경을 써야 하는 부분이 바로 '글감'이죠. 글감의 수집은 크게 두 가지 단계로 나뉩니다. 본격적으로 책을 쓰기 전 최대한 많은 자료를 수집하는 단계와, 책을 써 나가면서 계속해서 수집하는 단계입니다. 결국 글감의 수집은 처음부터 끝까지 계속되어야 한다는 얘기죠.

이렇게 중요한 글감, 어떻게 수집하면 될까요?

💬 덕후처럼

덕후처럼 해보는 건 어떨까요? '덕후'라는 말을 들으면 어떤 이미지가 상상되나요? 덩치가 크고, 안경을 쓰고, 머리는 자주 감지 않아 떡이 졌을 것 같고, 목에는 꾀죄죄한 수건을 일 년 내내 감고 다닐 것 같은 누군가의 모습이 상상되지 않나요?

만화나 영화에서 본 덕후의 모습이 우리들의 머릿속에 이렇게 각인되었는데, 이건 편견입니다. 점잖은 덕후도 많죠.

덕후의 일본어 어원인 '오타쿠'라는 말을 네이버 지식사전에서 검색해 보면 '한 가지 일에만 병적으로 집중하거나 집착하는 사람, 혹은 특정 분야에 전문적인 지식을 지닌 마니아적 성향을 지닌 사람'이라고 나옵니다. 일본에서는 '오타쿠'라는 말이 상대방을 높여 부르는 말이었다고 하더군요. 그래서 덕후를 좋은 쪽으로 해석하면 '자신이 관심 있는 것에 대해서만큼은 아주 전문적인 지식을 가진 사람'을 뜻합니다. 어떤가요, 꽤 멋지지 않나요?

책을 쓸 때만큼은, 글감을 수집할 때만큼은 우리도 이렇게 덕후가 되어야 합니다.

'不狂不及(불광불급 ; 미치지 않으면 미치지 못한다)'이라는 유명한 말처럼, 한 가지 주제에 미쳐버릴 정도로 집중하지 않으면 아무것도 얻지 못합니다. 오타쿠라는 말이 마음에 들지 않으면 편집광은 어떤가요? 인텔의 앤디 그로브가 쓴 ≪편집광만이 살아 남는다≫라는 멋진 책도 있습니다.

연애와 관련한 책을 쓰고 싶다면 자신이 알고 있는 지식과 경험만으로는 부족할 겁니다. 그렇다면 글감을 수집해야죠. 영화 〈이터

널 선샤인〉부터 〈로맨스는 별책부록〉〈첫사랑은 처음이라서〉 등 로맨스와 관련된 영화와 드라마들을 찾아서 보세요.

또 이 방면의 유명한 책들도 찾아서 읽어봐야죠. ≪서른여덟, 6개월 만에 결혼하다≫는 브런치에 연재를 시작한지 한 달 만에 구독자 4천 명, 누적 조회수 60만을 기록하며 출간된 이진영(봄바람)님의 책입니다. 블로그는 어떤가요? 눈을 돌려보면 정말 재미있는 수많은 연애담을 찾을 수 있습니다.

여행에 관한 책은요? 경영에 관한 책들도 마찬가지입니다. 여러분이 쓰고자 하는 책의 주제와 관련된 자료를 되도록 많이 찾아서 읽어보세요. 비슷한 내용의 반복이어도 상관없습니다. 아주 사소한 것이라도 좋습니다. 이게 정말 필요할까 고민하기 전에 일단 수집부터 해야 합니다.

그런데 너무 많은 시간이 소요되는 건 아닐까요? 중요한 건 책 쓰기인데, 책을 쓰기도 전에 지치는 건 아닐까요?

아닙니다! 에이브러햄 링컨은 "내게 나무를 베어야 하는 여섯 시간이 주어진다면 그중 절반은 도끼날을 가는 데 쓰겠다"라고 했죠. 글감을 수집하는 데 충분한 시간을 투자해야 실제 책을 쓸 때 시행착오를 줄일 수 있습니다.

저 역시 책을 쓰기 전 가장 많은 시간을 투자하는 단계가 바로 '수집'입니다. 매년 〈IT 트렌드〉에 대한 책을 쓸 때면 사전에 출간된 책들, 신문기사들, 블로그에 올라오는 글들, 연구소의 보고서 등에서 최대한의 자료를 수집해 읽고, 전문가들에게 질문을 던져 확인하며, 직접 눈으로 보고, 경험할 기회가 있다면 하나도 놓치지 않으려 애쓰고 있습니다.

"책 한 권 쓰겠다고 그렇게까지 해야 하나요?"라고 묻는다면 "굳이 그렇게 해야 합니다"라고 답하고 싶습니다.

일단 이것 하나는 꼭 기억하세요.

'책을 쓰기 위해서는 글감 수집이 먼저다.'

그럼, 도대체 어디서 글감을 수집해야 할까요? 다음 여섯 가지를 기억해 주세요.

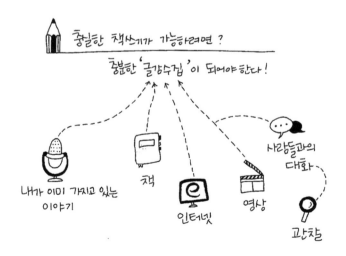

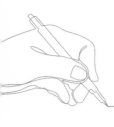

내가 이미 가지고 있는 이야기

　글감 수집 단계에서 가장 중요한 것은 '내가 가지고 있는 이야기'를 발견하는 것입니다.

　이를 위해서는 내가 정한 주제에 대해 '어떤 이야기를 할 것인가?'라는 질문을 던지고, 그 답으로 알고 있는 것들을 꺼내봐야 합니다. 이게 가장 중요한데 책을 처음 쓰는 분들은 이미 가지고 있는 자신의 이야기가 아니라 자꾸 밖에서 다른 이야기를 찾으려 합니다. 예를 들어 볼까요?

　지난 몇 년간 '책 쓰는 토요일' 강의를 찾은 분들이 가장 많이 쓰고 싶어한 분야는 '여행기'와 '에세이'였습니다. 여러 이유가 있겠지만 여행기와 에세이는 비교적 쉽게 접근할 수 있다고 생각하는 것 같아요.

만약 여러분이 '유럽 여행기'를 쓴다고 가정해 보세요. 요즘은 유럽에 혼자 배낭여행을 떠나는 분들이 많습니다. 그러니 걱정됩니다.

'유럽여행이 이토록 흔한데 내 이야기가 과연 책으로 출판될 수 있을까?'

'내 책을 돈 주고 살 사람이 있을까?'

제가 앞에서 뭐라고 했죠? 출간을 고민하지 말고 우선은 무슨 이야기를 하고 싶은지 정리해 보자고 했습니다.

그래서 다시 생각해 보니 '유럽 여행기'를 여러분이 글로 쓰고 싶은 이유는 단지 여행의 기록이 아니라 그때가 삶에서 가장 힘들었던 순간이기 때문입니다. 무작정 떠났던 여행이 지금의 여러분을 만들었기 때문에 여러분은 그것을 글로, 그리고 한 권의 책으로 남기고 싶은 겁니다. 이걸 발견하는 게 중요합니다.

자, 그렇다면 가장 먼저 해야 할 건 여행 중 찍었던 사진들을 펼쳐보는 일입니다. 일기나 짧은 메모, 일정표 등 무엇이든 좋습니다. 당시의 기억을 떠올릴 수 있는 건 모조리 찾아보세요. 하나하나 살펴보면서 내가 하고 싶은 이야기와 글감을 정리해 보는 겁니다. 잘 기억나지 않는다면 이렇게 해보세요. 여행을 준비하던 과정들, 여행을 떠나는 날 공항에 들어섰을 때, 각 나라의 공항에서 비행기를 타고 또 내렸을 때… 순간순간 경험했던 것들을 시간 순서 대로 정리해 보는 겁니다.

여행기가 아니라 에세이를 쓰고 싶을 때, 혹은 실용서도 마찬가지입니다. 글감의 수집은 언제나 '나'로부터 시작해야 합니다. 나의 경험, 나의 생각, 내가 말하고 싶은 것들을 다 꺼내놓아야 합니다. 그래야 무엇이 부족한지 알 수 있습니다.

'내 안의 이야기'를 먼저 찾아야 합니다.

외부에서 수집하기

책에서 찾기

내가 아닌 외부에서 찾는 글감 수집의 첫 번째 대상은 '책'입니다. 내가 생각한 주제에 대해 다른 사람들은 어떻게 생각하고, 또 어떻게 썼을까요? 이왕이면 관련된 책들을 전부 찾아서 읽어 보는 게 좋습니다.

오래 전 저는 '사람책'이라는 독특한 프로젝트에 참여한 적이 있습니다. '책을 읽는 게 아니라 책의 저자를 읽자'라는 콘셉트였는데, 감사하게도 '사람책'의 연사로 다른 분들과 이야기를 나눌 기회가 있었습니다. 그런데 그중 한 분이 제게 물었습니다.

"책을 쓸 때 비슷한 다른 책들을 찾아서 읽는 게 좋은가요?"

"물론이죠. 관련된 책은 가능하다면 전부 읽는 게 좋습니다."

"저는 그렇게 생각하지 않아요. 저도 지금 책을 쓰고 있는데, 관련된 다른 책을 읽지는 않습니다."

"왜죠?"

"다른 사람의 책을 많이 읽으면 글을 쓰다가 이게 제 생각인지, 다른 사람의 생각인지 헷갈릴 때가 있어서 아예 안 읽는 쪽을 택했습니다."

반대하진 않았습니다. 사람마다 생각이 다르니까요. 하지만 제 의견을 묻는다면 확실하게 말할 수 있습니다.

"더 많이 읽으세요."

"독자로서의 책 읽기가 아니라 작가로서의 책 읽기를 하세요."

내가 생각하는 주제에 대해 다른 작가들은 어떤 생각을 가지고 있는지, 어떻게 표현하고 있는지, 그 생각에 동의하는지 등을 끊임없이 생각하고 질문을 던지면서 책을 읽습니다.

자료 수집을 할 때의 책 읽기는
'한 번에' '몰아서' 해야 합니다.

이것은 아주 중요한 내용이라 다시 한 번 이야기 드립니다. 자료를 수집할 때는 '한 번에' '몰아서' 읽어야 합니다. 권수는 열 권 정도로 단기간에 읽어버리세요. 찔끔찔끔 나눠서 읽으면 자료 수집도 제대로 되지 않고 공부도 되지 않습니다. 책마다 공통되는 부분은 표시하고, 부족한 점이 있다면 의견을 적어 놓으세요.

그리고 인터넷 서점에 들어가 해당 도서에 독자들이 남긴 '서평'도 모조리 읽어 보세요. 마케팅을 위해 인위적으로 만든 '서평'도 있지만 진정성 있게 서평을 쓴 독자들도 많습니다. 이때 우리가 찾아야 할 것은 책에 대한 칭찬이 아니라 비판이나 아쉬운 부분입니다. 그 부분을 찾아서 나의 책을 보완할 수 있게 메모해 둡니다.

"열 권요?" 하고 앞에서 놀란 분들도 분명 있을 겁니다. 하지만 20권, 아니 30권도 부족합니다. 많은 책을 읽고 생각을 정리해야 글을 쓰기 쉽습니다.

그럼, 어떻게 해야 독서 시간을 늘릴 수 있을까요? 간단합니다!

'책을 손에 들고 다니세요.'

정말 쉽죠?

우리는 보통 손에 뭘 들고 다니나요? 네, 스마트폰입니다. 그러니 시간이 날 때마다 스마트폰을 들여다보죠. '뭐 재미있는 게 없나?' 하면서….

이제 '책'으로 바꾸세요. 조용한 카페에서 나중에 여유 있게 커피를 마시며 책을 읽어야겠다는 생각은 버리세요. 책을 읽을 수 있는 완벽한 순간이란 없습니다. 책을 손에 들고 다니면서 엘리베이터를 탈 때, 버스를 기다릴 때, 지하철 안에서, 식사를 한 후에 잠깐, 친구를 기다리면서 잠깐씩 책을 읽는 겁니다. 처음에는 책을 들고 다니는 게 거추장스럽기도 하고 어색하게 느껴집니다. 하지만 습관이 되면 그것만큼 좋은 게 없습니다.

💬 인터넷에서 검색하기

두 번째는 '인터넷 검색'입니다. 애니메이션 〈공각기동대〉의 쿠사나기 소령은 "네트는 광대해!"라고 말했죠. 맞습니다. 인터넷은 정말 넓습니다. 우리가 원하는 모든 것을 찾아낼 수 있습니다.

단, 전제조건이 있죠.

'제대로 된 질문'을 던져야만

'제대로 된 답'을 얻을 수 있습니다.

우리가 쓰고자 하는 '주제'에 대한 모든 글감은 '인터넷'에 다 있습니다. 중요한 건 검색 이전에 충분한 사색이 있어야 합니다. 이

둘의 순서가 바뀌면 안 되겠죠.

검색을 할 때는 다음의 방법으로 해보세요. 만약 소설을 쓸 예정이라면 '사건·사고'를 검색합니다. 하루에도 수없이 쏟아지는 사건·사고들을 보면 소설보다도 더 기막힌 소설 같은 현실을 발견할 수 있습니다. 만약 실용서를 쓴다면 기업의 사례, 개인의 성공 스토리를 검색해 보세요. 창업자의 이름, 회사 이름 뒤에 '성공 스토리'라는 마법의 한마디만 달아도 고급 정보들이 우르르 쏟아집니다. 여행에 관련된 책이라면? 너무 많죠. 여행 칼럼을 검색하면 됩니다.

신문기사를 검색할 때는 되도록 최신 뉴스, 1년 안의 기사를 찾아보고 다 읽지 못하면 '헤드라인'이라도 읽어 나갑니다. 이렇게 하다 보면 머릿속에 '번쩍!' 하고 멋진 생각과 키워드가 떠오를 때가 있어요. 이때가 가장 중요한 순간입니다. 바로 나만의 '인사이트'를 얻을 수 있죠.

'블로그' 역시 최고의 글감 수집 장소입니다. 요즘은 카카오의 '브런치'에 좋은 글들이 많이 올라오죠. 관공서나 각 기업에서 운영하는 '연구소' 사이트에 올라와 있는 다양한 보고서들도 읽어보세요.

'검색' 과정에서 중요한 건 남의 생각이나 아이디어를 훔치는 게 아닙니다. 내가 쓰고 싶은 글에 대해 구체적인 '근거자료'를 준비하는 과정입니다. 근거자료의 준비와 인사이트, 이것이 핵심입니다. 그리고 나중에 레퍼런스(참고자료)를 밝혀야 하니 출처를 꼭 기록해 놓으세요.

인터넷을 검색할 시간도 없다고요? 출퇴근하는 버스와 지하철 안에서 웹툰이나 게임, 궁금하지도 않은 다른 사람의 일상을 기웃거릴 시간에 나에게 필요한 정보를 검색해 보세요. 중요한 건 내 생각과 습관입니다.

💬 영상에서 찾기

이제 숨겨놨던 저만의 노하우를 하나 공개해 볼까 합니다. 바로 '영상'입니다. 다양한 영상들을 통해 우리는 좀 더 직접적이며 실제적인 삶의 이야기를 만날 수 있습니다. 게다가 '유튜브'의 시대가 되다 보니 검색만 하면 웬만한 영상들은 다 찾아볼 수 있습니다.

'커뮤니케이션'이라고 써넣으면 '당신의 말을 제대로 전달하는 방법' 'EBS 다큐프라임 커뮤니케이션의 힘' '3% 커뮤니케이션' 등 1년 내내 봐도 시간이 모자랄 정도의 영상이 검색됩니다. '소통' '산업혁명' '트렌드' 등 뭐든 상관없습니다. 다양한 영상을 통해 엄청난 영감을 얻게 될 겁니다.

〈SBS 스페셜〉도 적극 추천합니다. 2019년 3월 〈SBS 스페셜 ―

바짓바람 시대〉는 자녀의 입시를 바라보는 아빠들의 착잡한 시선을 담고 있습니다. 〈내 아이가 살아갈 로봇세상〉 역시 제 주된 관심사여서 그런지 정말 흥미로웠고, 꽤 많은 영감을 받았습니다.

입시 하면 생각나는 드라마가 있죠? 〈스카이캐슬〉입니다. 이 드라마에서는 굉장히 다양한 것들을 볼 수 있습니다. 예를 들어 등장인물들의 '손'을 클로즈업하는 경우가 많았는데 곽미향과 김주형의 손동작에서 그들의 심리와 태도를 유추할 수 있어 아주 흥미로웠습니다. 사람의 심리나 행동에 관심이 많은 분들이라면 절대로 놓치지 말아야 할 부분이죠. 관련 책을 쓴다면 말할 것도 없고요.

영상을 보다가 '아, 이거 지금 쓰는 글에 인용하면 괜찮겠는데?'라는 생각이 든다면 그 즉시 상황과 의견을 메모하세요. '입시에 대한 내 생각은 이러이러하다. 2019년 3월 10일 〈SBS 스페셜〉에 ○○○ 가족이 나왔다.'라는 식으로 기록하는 겁니다. 나의 주장이 훨씬 생동감 있게 전해질 겁니다. 중요한 건 반드시 '출처'를 밝혀야 합니다. 출처를 밝히지 않고 자신이 모든 사례를 경험한 것처럼 쓰게 되면 저작권 문제가 생깁니다. 그러니 메모할 때 출처를 기록하는 것은 아주 중요합니다.

'오늘부터 당장 원하는 '글감'을 검색해 보세요.'

지금까지는 앉아서 할 수 있는 모든 방법으로 글감을 수집했습니다. 그래서 저는 초반의 글감 수집을 '엉덩이 승부'라고 합니다. 어느 정도 수집이 되었다면 이제 일어나 볼까요? '외부'로 이동할 시간입니다.

'나는 이렇게 생각하는데 이 생각을 뒷받침할 사례나 재미있는 에피소드는 없을까?'에서, '다른 사람은 실제로 어떻게 생각할까? 혹시 다른 사람의 이야기에서 얻을 수 있는 건 없을까?'란 질문으로 이동하는 겁니다.

답을 찾는데 가장 좋은 건 질문을 던지는 거죠. 여행 책을 쓰겠다면 같은 여행지에 다녀온 다른 사람들에게 물어보세요.

"지난번 다낭 여행 어땠어?"라는 질문과 함께 제일 좋았던 곳과 제일 힘들었던 것 등을 물어보면 미처 내가 생각지 못한 것도 알 수 있고 새로운 정보를 얻게 되는 거죠. 여행 책에 들어갈 사진이나 정보가 부족하면 양해를 구하고 실을 수도 있지 않을까요?

이런 질문은 어떤가요?

'매일 칼퇴근을 할 수 있다면
퇴근 후 뭘 하고 싶으세요?'

2018년 7월부터 순차적으로 도입된 '주 52시간 근무제'는 우리 삶의 많은 부분을 바꿔 놓고 있습니다.

어떤 사람들은 이를 기회로 평소에 하고 싶었던 취미생활을 넓히는가 하면, 어떤 사람은 회사를 그만두기 전 '투잡'을 테스트해 보기도 하죠. 요즘에는 이를 '사이드잡'이라고 부르더군요.

같은 취미를 가진 사람, 앞으로 고객이 될지도 모르는 사람을 만나는 자리가 있으면 궁금한 것을 묻고 답을 기록해 놓으세요. 저도 그렇게 합니다. 그렇게 일부 자료는 ≪하루 3분 시간관리≫에 넣었고, 또 다음 책을 위해 대기 중인 자료도 있습니다.

직접 만나 질문하는 게 부담스럽다면 SNS를 활용해 보세요.

먼저 같은 관심사를 가진 사람들이 모여 있는 '카페' '밴드' '카카오스토리' '페이스북 그룹' 등에 가입합니다. 그곳에는 많은 질문과 대답이 이미 넘쳐납니다. 많은 사람들이 궁금한 것에 대해 기탄없이 질문하고 또 대답합니다. 관심 있는 질문과 대답을 하나하나 읽어보면서 정리해 보세요. 자주 올라오는 질문은 일반적으로 사람들이 진짜 궁금해 하는 내용일 겁니다. 답변이 달리지 않은 질문에는 내가 알고 있는 지식을 바탕으로 답하고 그 내용을 책에 넣어도 되겠죠.

💬 관찰하기

휴가 나온 군인들을 눈여겨본 적 있나요? 정말 많은 숫자의 군인들이 휴가를 나올 텐데 이상하게 평소에는 잘 보이지 않습니다. 우리가 관심이 없기 때문이죠.

우리의 뇌는 모든 것을 기억할 수 있는 슈퍼컴퓨터임에도 불구하고, 모든 것을 기억하지는 않습니다. 우리가 보는 모든 것들을 뇌가 기억한다면 우리는 벌써 미쳐 버렸을 겁니다. 이처럼 뇌는 알아서 크게 신경 쓰지 않아도 되는 부분들을 삭제해 버립니다. 그래서 글감을 수집할 때는 삭제되지 않게 평소에 보는 것들을 '신경 써서 봐야 하는 부분'으로 만들어 찾아야 합니다.

어떻게 해야 할까요? 주변에서 빨간색의 물건을 세 개 찾아보세요. 아마 금방 찾을 수 있을 겁니다. 주의를 기울이면 잘 보이지 않던 것들이 보이게 됩니다.

이런 식으로 평소에 '내가 쓰고자 하는 책의 주제'를 끊임없이 생각해 보세요. 그러면 우리의 뇌는 그 주제에 해당하는 부분을 '신경 써서 봐야 하는 부분'으로 새겨 놓을 겁니다. 길에서 스치고 지나가는 사람들의 대화, 식당에서 옆 테이블의 이야기, 간판과 메뉴판 등 어떤 것이라도 책에 들어갈 만한 내용이 있으면 느낌이 '딱' 옵니다. 그 느낌을 그대로 수집하는 겁니다.

≪글쓰기 다이어리≫의 저자 수지 모건스턴은 "작가는 자신을 관찰하고 주변을 살피는 스파이와 같다"고 말한 바 있습니다. 그렇습니다. 우리는 스파이가 된 것처럼 모든 것에 귀를 기울이고 관찰하고 수집해야 합니다. 이렇게 모인 순간의 조각들이 책을 쓰는 동안 스토리를 이어갈 수 있는 글감이 됩니다.

물론 쉽지 않습니다. 일상이 바쁘다 보면 '글을 써야지~' 하는 생각도 하기 어려운데, 언제 '주제'를 떠올리며 자료를 수집할 수 있을까요?

간단하지만 요긴한 방법 하나를 알려드릴게요. 스마트폰의 배경화면에 '책 쓰기'라고 써놓으세요. 우리는 하루 중 많은 시간을 스마트폰과 함께 합니다. 그러니 스마트폰을 볼 때마다 '책 쓰기'가 눈에 띄면 강제적으로라도 그것에 대해 생각하게 됩니다. 책 쓰기를 위한 관찰과 사색으로 자연스럽게 연결되지 않을까요?

* * *

지금까지 글감 수집을 위한 여섯 가지 방법을 이야기했습니다. 전부 기억하기는 어렵더라도 이 한 가지는 반드시 기억해 주세요.

"충분한 글감 수집이 되어야
충실한 책 쓰기가 가능하다!"

글감 수집하기

책을 좋아하는 사람뿐 아니라 영상·작곡 등 자신만의 콘텐츠를 만드는 사람들은 누구나 메모광입니다. 책을 쓰는 여러분도 마찬가지로 끊임없이 글감들을 수집해 보관해 놔야 합니다. 그래서 이번 시간의 과제는 '수집'입니다.

이를 위한 가장 좋은 도구를 소개해 드릴게요.

바로 '네이버 메모'입니다. 물론 '에버노트' '구글킵' '원노트' 등 메모 앱은 많이 있습니다. 저도 평소 '에버노트'를 많이 쓰고 있는데, 쉽고 빠르게 기록하기에는 '네이버 메모'가 더 편하더라구요.

일상에서 마주치게 되는 인상적인 것들을 사진으로 찍고 그 아래 '메모'를 남겨 보세요. 예를 들어 쓰고 있는 책의 표지에 대한 아이디어가 필요할 때면 서점에 가서 다른 책들을 훑어보며 마음에 드는 표지들을 찍고 무엇이 좋았는지 바로 메모합니다. 여기서 '바로'가 굉장히 중요합니다. 지금 막 떠오른 느낌을 '바로' 적어놓지 않으면 나중에 아무것도 생각나지 않습니다.

갑자기 반짝 떠오른 아이디어나 단상도 마찬가지죠. 저는 일단 네이버 메모에 적어놓습니다.

* * *

과제는 다음과 같습니다.

지금 바로 '네이버 메모' 앱을 스마트폰에 설치하고, 오늘부터 책과 관련해 생각나는 것들과 기억해야 할 것들을 모두 수집해 놓으세요. [글감 수집]이란 이름의 폴더를 만들어 수집하면 됩니다. 이 작업은 초고를 작성하기 전까지 빠른 속도로 꾸준하게 해야 합니다.

반드시 성공하는 출간 계획 세우기

이번 시간의 키워드는
'계획'입니다.
책을 출간하는 데
시간이 얼마나 걸리는지
구체적인 출간 계획을
세워 봅시다.

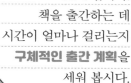

책 쓰기의 목표는 출간이다

우리는 지금까지 써야 할 책의 주제를 정하고, 자료를 관찰하고 수집하는 방법을 알아봤습니다. 글은 쓰지 않고, 자료만 죽어라 수집했죠. 당연히 '도대체 언제부터 책을 쓸 수 있는 거야?' 의문이 생길 때가 됐는데요, 거의 다 되었습니다.

본격적으로 책을 쓰기 전, 이제 가장 중요한 한 가지가 남았습니다. 바로 '계획 세우기'입니다.

여러분은 꿈과 목표의 차이가 무엇인지 알고 있나요? 바로 '기한'입니다. 꿈은 '언젠가는 내 책을 써야지!'라고 생각하는 겁니다. 꿈을 꾸는 건 누구나 할 수 있고, 꿈이기 때문에 꼭 이루어지지 않아도 괜찮습니다. 언제든 다시 꾸면 되니까요. 그래서 이루기가 어렵습니다. 그런데 여기에 기한을 더하면 '기한이 정해진 꿈'이 목표가 됩니다.

그렇다면 우리가 지금 하고 있는 책 쓰기의 최종 목표는 뭘까요?

바로 '출간'입니다. 책 쓰기의 궁극적인 목표는 '책을 쓰는 일'이 아니라 '출간'입니다. 꿈과 혼동해서는 안 됩니다. 언젠가 나만의 책을 가지기 위해 매일매일 '글'을 쓰는 건 당연한 일이지만, 내 책을 갖고 싶다면 목표는 '출간'으로 잡아야 합니다. 그래야 완결이 됩니다!

그렇지 않으면 몇 년이 지나도 여러분은 자신의 책을 준비하는 '예비 작가'에 머물 뿐입니다. 원하는 작가가 결코 될 수 없습니다.

'여러분의 책은 언제 출간되길 원하나요?'

그럼, 언제일까요? 언제 출간되기를 원하나요?

제발 '언젠가'라고 말하지 말아 주세요. 부탁입니다. 잘 알고 있잖아요? '언젠가'는 절대로 오지 않는다는 것을!

Someday.

"I'll do it someday."

Monday, Tuesday, Wednesday, Thursday,

Friday, Saturday, Sunday.

See? There is no Someday.

It's time to ride.

제가 좋아하는 할리 데이비슨의 광고입니다.

'언젠가(Someday)는 없다. 지금이 오토바이를 사서 타야 할 때다!'

맞아요, 언젠가는 없습니다. 지금이 아니면 안 됩니다. 다시 묻 겠습니다. 당신의 책이 출간되는 건 언제인가요? 5년, 3년, 아니면 1년인가요? 확실히 정하세요! 책을 쓰겠다고 마음먹었다면 '출구 가 보이지 않는 글쓰기'가 아닌 '기한이 정해진 책 쓰기'를 시작해 야 합니다.

제가 딱 정해 드리면, 1년입니다. 5년은 너무 길어 포기하기 쉽 습니다. 3년도 좋은 숫자이기는 한데 긴 건 마찬가지입니다.

어떤 일이든 항상 이렇게 질문을 던져봐야 합니다.

'그럼, 어떻게 해야 기간을 줄일 수 있을까?'

질문을 던지면 방법이 생깁니다. 지금 당장 시작하면 1년 안에 끝낼 수 있는 일을 왜 5년 동안이나 하려고 하나요? 반년이면 끝낼 수 있는 일을 왜 1년이나 잡았나요?

뒤로 미루고 길게 늘리는 건 습관이 됩니다. 그러니 책을 쓰겠다고 마음먹은 지금, 1년을 목표로 달리세요! 그렇지 않으면 1년이 지난 후 책 쓰기와 관련된 또 다른 강의를 듣고 또 다른 책을 보며, '언젠가는 책을 써야지!' 또다시 결심만 하게 될 겁니다.

시간은 생각보다 참 빨리 갑니다. 마음이 급해져서 '나는 3개월 안에 쓰겠다!'고 결심하는 분도 있을 겁니다. 하지만 3개월은 너무 짧습니다. 주제가 확실하고 글감이 많고 책을 쓸 시간이 충분하다면 모르겠지만 그게 아니라면 너무 서두르지 마세요.

천천히, 차분하게 단계별로 진행해도 늦지 않습니다.

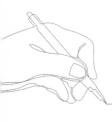

10단계 출간 프로세스

자, 이제 시작해 볼까요?

출판사의 관점이 아니라 저자의 관점에서 출간까지의 과정을
열 가지 단계를 정리해 봤습니다. 열다섯 권 이상 책을 출간한 제
경험을 바탕으로 정리한 프로세스이니 믿고 따라와도 됩니다.

책 쓰기는 발견에서 시작해 출간으로 끝납니다. 그렇다면 우린
벌써 '자신의 발견' '주제의 발견' '관찰과 수집'의 3단계까지 마쳤
네요! 지금까지가 책을 쓰기 위한 워밍업 단계였다면 이제부터는
실천의 단계입니다.

출간을 위한 10단계는 다음과 같습니다.

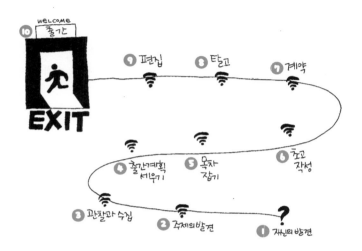

좀 전에 제가 출간 목표를 1년으로 잡자고 했죠? 그렇다면 10단계 '출간'은 지금으로부터 1년 뒤가 됩니다. 출간에 맞춰 10부터 1까지 단계를 거꾸로 밟아 보겠습니다.

💬 9단계) 편집자와 함께하는 '편집'의 시간

출간에 있어 모든 단계가 중요하지만 그중에서도 '편집'은 상당히 중요하고 신경을 가장 많이 써야 하는 단계입니다. 출간 전 마지막 수정단계이기도 하고, 제목과 표지 디자인 등 책의 최종 형태를 결정하는 단계이기 때문에 더욱 그렇습니다.

좋은 점은 지금까지 저자 혼자 외롭게 책을 써왔다면 편집 단계에서는 혼자가 아닙니다. 든든한 편집자(에디터)가 함께 합니다. 보통 편집자에게 최종 원고를 넘긴 후(탈고)부터 실제 인쇄에 들어가기까지의 모든 과정을 '편집'이라 하죠.

대략적으로 원고를 넘기고 나서 3개월에서 6개월 정도 걸리는데, 그 이상이 필요할 때도 있습니다. 물론 책 표지나 조판(본문 레이아웃) 등 세부사항들을 결정해 두고 원고 내용만 검토하는 거라면 3개월보다 기간이 짧아질 수도 있습니다. 하지만 급하지 않게 충분한 시간을 두고 편집을 하는 게 책의 완성도를 위해서는 더 좋겠죠.

💬 8단계) 저자가 원고를 완성하는 '탈고'

'탈고'는 편집 바로 전의 단계로, 편집이 공동작업이라면 탈고는 혼자 하는 작업입니다. 저자가 내용을 추가하고 고치고 고치고 또 고쳐서 마무리 짓는 가장 고독한 단계이기도 합니다.

이 단계의 끝은 '아, 나는 더 이상 못해, 정말 끝이야!'라고 속으로 외치며 마지막으로 고친 원고를 출판사에 보내는 걸로 끝납니다. 걸리는 시간은 초고가 충분히 완성된 상태라면 대략 2개월 정도 잡으면 됩니다.

💬 7단계) 계약

아, '계약'! 말만 들어도 가슴 설레는 가장 행복한 순간이죠.

계약만 된다면 얼마나 좋을까요? 출판사와 계약서에 도장을 찍는 순간, '내 책이 출간될 수 있을까?'라는 두려움에서 벗어나 책을 쓰는 데 매진할 수 있을 텐데요.

그런데 원고도 쓰기 전에 계약을 먼저하는 것이 가능할까요? 가능합니다! 무라카미 하루키, 존 그리샴, 스티븐 킹, 이외수 …. 이 사람들의 공통점은 뭘까요? 말하지 않아도 아시겠죠!

책이 많이 팔릴 수 있는 지명도가 높은 작가라면 제목만 흘리더라도 계약하자는 출판사가 넘쳐납니다. 그렇다고 그들을 마냥 부러워 할 필요는 없습니다. 실제로 계약이 먼저 되는 게 좋기만 한 것도 아닙니다. 천천히 나의 속도에 맞춰서 쓰던 원고가 어느 정도 완성되기도 전에 계약부터 되면 빨리 끝내야 한다는 압박감에 시달리게 됩니다. 좋은 글이 써질 리가 없지요.

출판사와의 계약은 저자의 지명도나 출판사의 운영방식에 따라 조금씩 차이는 있습니다만 대략적으로 원고를 시작하고 어느 정도 원고의 윤곽이 나오는 5, 6개월 후가 좋습니다. 아, 너무 오래 걸리는 거 아닌가요? 네, 오래 걸립니다. 그러니 계약을 위한 원고 투고는 초고를 써 나가면서 꾸준히 한다고 생각하면 됩니다.

초고는 다듬어지지 않은 거친 상태의 원고를 말합니다. 제가 설명하는 '책 쓰기'의 원고는 초고, 원고, 탈고의 세 단계로 나누어집니다.

초고는 다듬어지지 않은 '날 것'의 글을 말하고, 원고는 초고를 다듬고 다듬어 만든 글입니다. 그리고 최종적으로 저자의 손을 떠나는 글을 탈고라고 합니다.

그럼, 보통 초고를 완성하는 데는 얼마나 걸릴까요? 한 달, 두 달? 제 경우에는 평균 5개월 정도 걸리는 것 같습니다. 너무 길죠? 전업작가가 아닌 다음에야 시간을 쪼개어 조금씩 써 나가기 때문에 그렇습니다. 이 시간 역시 얼마든지 줄어들고 늘어날 수 있습니다.

그렇다면 답이 나왔네요. 초고 작업에 투자하는 시간이 늘어날수록 원고를 정리하는 데 걸리는 시간은 줄어들게 됩니다. 이 부분은 뒤에서 좀 더 자세히 이야기하겠습니다.

💬 5~1단계) 목차 잡기에서 발견까지

편집에 걸리는 시간이 3개월, 계약을 한 후 탈고까지의 원고 작업에 2개월, 초고를 작성하는 데 걸리는 시간이 5개월, 이렇게 하면 3＋2＋5＝10. 여기까지만 해도 벌써 10개월입니다. 1년 후 출간을 목표로 잡았으니 이제 남은 건 겨우 2개월이네요.

그렇다면 5단계 목차 잡기, 4단계 출간 계획 세우기, 3단계 글감과 자료 수집, 2단계 주제 잡기와 1단계 자신의 발견까지를 2개월만에 끝내야 한다는 이야기가 됩니다.

어떤 책을 쓸까를 고민하는 '발견'에서 '주제 잡기'는 1주 정도, 언제 출간할지 계획을 세우는 건 하루, 목차를 잡는 것도 하루면 됩니다. 길게 잡아도 1, 2주일이면 끝나겠네요?

그럼, 남은 기간에는 무엇을 하면 될까요? 중요한 작업, 바로 '수집'이죠. 책에 필요한 자료를 수집하는 데 걸리는 시간은 많으면 많을수록 좋겠지만 집중해서 한두 달 안에 끝내는 게 좋습니다. 앞에서 여러 번 강조했듯 내 안에 있는 것들을 꺼내 놓고, 외부 자료를 수집하고 관련된 책들을 읽으며 추가적인 내용을 정리한 후 더이상 수집할 게 없을 때(지쳤을 때) 목차를 잡으면 됩니다. 목차를 어떻게 잡는지는 바로 뒤에서 자세하게 이야기하겠습니다.

지금까지 1년을 기준으로 책 출간 과정을 알아봤습니다. 하지만 책에 따라 출간은 2년이 걸릴 수도 있고 3년이 걸릴 수도 있고 더 걸릴 수도 있습니다. 반대로 반년 안에 마칠 수도 있습니다. 원고의 상태와 출판사의 일정에 따라 바뀔 수도 있고 조정이 가능합니다.

중요한 건 자신을 믿고 포기하지 않는 것입니다. 설령 계약이 이루어지지 않아도 포기하지 않고 꾸준히 글을 써나가는 자세가 필요합니다. 시간은 의외로 빨리 지나갑니다. 책을 쓰겠다고 결심한 지금, 고민하지 말고 바로 시작해 보세요. 시작이 반입니다.

이제 워밍업은 끝났습니다.

본격적으로 시작해 보죠!

함께 해보는 과제

출간 계획 짜기

출간 계획을 짜는 거, 어렵지 않았죠? 하지만 직접 해보지 않으면 자신의 것이 되지 않습니다. 기간을 정하지 않은 막연한 책 쓰기보다 정확하게 데드라인을 잡으면 책 쓰기에 대한 각오나 글쓰기의 실행도 달라집니다.

다음은 이 책 ≪책 쓰는 토요일≫의 출간 계획표입니다. 이 출간 계획을 참고해 여러분이 생각하는 대략적인 출간 일정을 작성해 보세요.

《책 쓰는 토요일》 출간 계획

	목표시점	소요시간(예상)
자신의 발견	2018년 8월 말까지	1개월
주제 발견	2018년 8월 말까지	
글감 수집	2018년 9월 말까지	1개월
출간계획 잡기	2018년 9월 말까지	
목차 작성	2018년 9월 말까지	
초고 작성	2018.10 ~ 2019.3	약 5 ~ 6개월
계약	2019년 1월	
탈고	2019.4 ~ 2019.5	약 2개월
편집	2019.6 ~ 2019.8	약 3개월
출간	2019.8	

《_____》 출간 계획

	목표시점	소요시간(예상)
자신의 발견		
주제 발견		
글감 수집		
출간계획 잡기		
목차 작성		
초고 작성		
계약		
탈고		
편집		
출간		

4교시 : 목차 잡기

목차를 잡으면
절반은 완성!

이번 시간의 키워드는
'목차'입니다.
책의 체계를 잡아주는
목차 잡기는
아주 중요합니다.

목차, 절반의 완성

한 권의 책을 쓴다는 건 엄청난 일입니다. 일단 분량부터가 어마어마하죠. 보통 책 한 권이 200~300쪽 가량 되니까, 처음에는 막막하고 두렵기 짝이 없습니다. 어떻게 페이지를 채울 것인지 생각하면 굳게 닫힌 문 앞, 혹은 거대한 산을 마주한 듯한 기분이 듭니다.

하!지!만!

쉽게 해결할 수 있는 방법이 있습니다.

'한 번에 하나씩!'

이 말은 우리가 인생에서 만나는 모든 일에 적용할 수 있습니다. 너무 커 보이고 너무 복잡해서 도저히 할 수 없을 것 같은 일을 만나면 꼭 이 말을 떠올려 보세요.

아무리 큰 일이라도 시작점은 하나입니다. 가장 높은 곳에 오르고 싶다면 제일 먼저 할 일은 맨 처음 밟아야 할 첫 번째 계단을 찾는 겁니다. 그 다음에는 한 계단 한 계단, 한 번에 하나씩 밟고 올라가다 보면 결국 맨 꼭대기에 도착하게 됩니다.

책 쓰기도 마찬가지입니다. 매일매일 정해진 분량을 꾸준히 채워 나가면 반드시 끝낼 수 있습니다.

그럼, 어느 정도 써야 하는지 '분량'을 정해야 하는데요. 원고에서 계단에 해당하는 것이 바로 '절 제목'입니다. 책에서 큰 주제를 '장'이라고 한다면 '장'에 속한 각각의 챕터를 '절'이라고 보면 됩니다. 매일매일 우리가 써야 할 분량은 책 전체가 아니라 아주 작은 부분, 즉 한 절(챕터)에 해당합니다. 예를 들어 이 책에서 오늘 제가 마감을 해야 하는 부분은 지금 읽고 있는 '목차, 절반의 완성'입니다.

이렇게 '절 제목' 부분을 잘 정리하려면 '목차'를 제대로 작성해야 합니다. 블로그나 SNS에 글을 잘 쓰는 사람들이 책을 못 쓰는 가장 큰 이유는 개요와 목차를 잡지 못해서입니다. '글이라는 게 키보드를 두드리며 머릿속 생각을 풀어내기만 하면 되지, 왜 귀찮게 목차를 잡고 정리해야 해?'라고 생각하죠.

그런데 책 쓰기는 다릅니다. 글이 아닌 책을 쓰려면 잘 짜여진 목차가 중요합니다. 그 이유는 크게 세 가지입니다.

💬 첫째, 원고를 체계적으로 정리해 준다

지금까지 책을 쓰기 위해 무엇을 했는지 생각해 보세요. 시간이 날 때마다 자료를 검색하고 수집했고, 필요한 책들을 읽어 나갔고, 나의 경험들을 글감으로 메모했습니다. 이렇게 쌓인 자료만 해도 엄청납니다. 이것들을 어떻게 멋진 글로 엮어낼 수 있을까요? 생각만 해도 막막합니다.

혹시 우리가 어릴 적 부모님이나 주변 어른들로부터 이런 말씀 많이 듣지 않았나요?

> "내가 살아온 인생을 책으로 쓰면
> 리어카 한 가득은 나올 거다."

맞습니다. 구구절절 기록하면 리어카 몇 대 분량이 나올 수 있을 겁니다. 그런데 그 많은 책을 누가 읽을까요?

우리가 쓰고자 하는 게 ≪조선왕조실록≫ 같은 역사책이 아니니 무조건 길게 쓰는 건 낭비입니다. 그래서 목차가 필요합니다. 목차는 우리의 책을 체계적으로 정리해 주고, 불필요한 내용을 덜어내 줍니다.

알고 있는 게 너무 많더라도, 하고 싶은 말이 차고 넘치더라도 주제에 맞게 버릴 건 버리고, 꼭 필요한 것만 가져가야 합니다. 버리는 과정은 퇴고와 탈고 과정에서도 이어지지만 일차적으로 목차를 작성할 때 정리되어야 합니다. 그래야 글을 쓰는 데 들어가는 불필요한 노력을 줄일 수 있죠.

버리기에는 너무 아까운 에피소드와 자료들을 발견하면 그것들은 따로 잘 모아두면 됩니다. 평생 한 권의 책만 써야 할 이유는 없습니다. 다음에 내는 책에서 그 내용을 살리면 됩니다.

💬 둘째, 지치지 않게 해준다

내비게이션이 없던 시절, 자동차로 직접 장거리를 운전하는 건 두렵고 힘든 일이었습니다. 아직도 생생하게 기억이 납니다. 서울에서 동해까지 가는 길은 험난하고 너무 오래 걸렸죠. 장시간의 운전으로 지치면 길가에 차를 멈추고 눈을 붙이고, 심지어는 하룻밤

자고 다음 날 출발하기도 했죠.

장거리를 달리는 것보다 더 불편했던 건 '내가 지금 어디에 있는지?'와 '얼마나 더 가야 하는지?' 모를 때였습니다. 불편함의 이유는 결국 나의 위치를 모르기 때문이었고, 모른다는 사실은 두려움을 불러일으켰습니다.

그런데 지금은 어떤가요? 내비게이션은 너무나 친절하게 우리가 지금 어디에 있는지 정확히 알려주고, 현재 위치에서 목적지까지 얼마나 남았는지 '실시간'으로 알려줍니다.

목차는 내비게이션과 같습니다. 지금 내가 쓰고 있는 부분이 전체 책 내용 중 어디에 위치하는지, 얼마나 더 써야 끝이 나는지 알려줍니다. 내비게이션이 교통상황에 따라 다른 길을 알려주듯, 목차도 한 번 정했다고 그것으로 끝이 아닙니다. 책을 쓰다 보면 더하고 싶은 내용이 있고, 빼고 싶은 내용도 생깁니다. 그때는 목차를 수정하면 됩니다.

길을 헤매더라도 내비게이션을 통해 목적지에 도착할 수 있듯이, 책 쓰기도 목차에 맞춰 열심히 쓰다 보면 샛길로 빠지지 않고 출간이라는 목적지에 잘 도착하게 됩니다.

💬 셋째, 중복되는 이야기를 줄여준다

글을 쓰는 것과 책을 쓰는 것은 다릅니다. 블로그나 칼럼의 경우 길어야 A4 용지 한 장에서 두 장 정도이다 보니 글을 쓰다 보면 어느새 '끝'이 보입니다.

하지만 책은 다르죠. 많은 양의 글을 쓰다 보니 앞에서 했던 이야기를 깜빡 잊고 뒤에서 다시 하는 경우도 있습니다. 특히 자기계발서나 에세이의 경우가 그렇습니다. 물론 편집 과정에서 걸러내기도 하지만 사람이 하는 일이다 보니 실수는 늘 나옵니다. 이럴때 자세하게 만들어 둔 목차는 그런 실수를 최대한 줄여줍니다. 일목요연하게 정리해 주는 거죠.

땅을 깊이 파야 안전한 건물을 지을 수 있듯이 오랜 시간 꼼꼼하게 만든 목차는 책의 완성도를 높여줍니다.

목차를 잡는 구체적인 방법

이제 실제로 목차를 잡아볼까요? 구체적으로 바로 해볼 수 있는
방법이 있습니다.

다른 작가들의 목차를 참고하자

모르는 게 있다면 물어봐야 합니다. 목차를 작성하는 방법 역시
먼저 나온 작가들의 책에서 그 해답을 찾을 수 있죠.

인터넷 서점에 들어가 내가 쓰려고 하는 책과 비슷한 주제의 책,
좋아하는 작가의 책을 검색해 '목차'를 확인해 봅시다.

그리고 그 목차들을 손으로 직접 옮겨 적거나 문서작성 프로그

램에 복사해 보세요. 이렇게 몇 권의 책을 참고하다 보면 책마다 비슷한 소제목이 있는 걸 발견할 수 있습니다. 그런 부분은 아주 중요한 내용일 확률이 큽니다. 그러니 여러분의 목차를 작성할 때에도 염두에 두어야겠죠.

또 목차들을 정리해 나가며 '이런 것도 넣어볼까?' 하는 생각이 떠오를 수 있는데, 이런 생각은 아주 중요합니다. 지금 당장은 말이 좀 안 된다 하더라도 나중에 도움이 될 수 있으니 일단 적어놓아야 합니다.

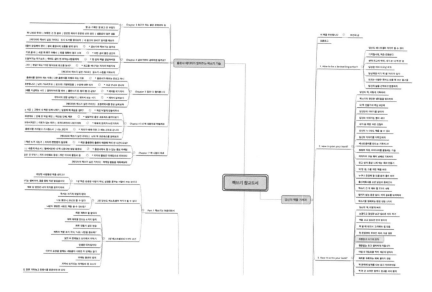

💬 키워드로 적는다

종이를 한 장 준비합니다. 포스트잇이 충분히 있다면 포스트잇이 더 좋습니다.

그동안 수집했던 자료들을 살펴보며 '아! 이건 책에 꼭 들어가야 할 내용이야.' '이 내용 괜찮은데!' 하는 것들을 정리하며 '키워드'로 적어보는 겁니다. '지금 결심하고, 바로 시작하라'는 좋은 구절을 발견했다면 '결심 = 시작, 교훈'이라고 간결하게 적습니다. 만약 〈주 52시간 근무 앞둔 IT 업계〉라는 신문기사를 스크랩했다면 전체 기사를 읽어나가며 '주 52시간 근무, 각 산업별 대응방안'이라고 적습니다.

이런 방법으로 앞의 '글감 수집'에서 나온 '내가 가진 경험' 중에서 들어갈 만한 내용을, 책에서 읽었던 내용 중 좋은 구절을, 신문을 읽으면서 압축한 내용을 키워드로 간단하게 적어 나갑니다.

내용이 많아지면 점점 더 많은 종이가 필요합니다. 포스트잇에 키워드를 적었다면 더 많은 포스트잇이 필요해지겠죠. 이렇게 머릿속에 있는 생각들을, 눈앞의 자료들을 더 이상 쓸 게 없을 때까지 써 나갑니다. 이 과정에서 뭔가 '반짝' 하고 떠오르는 생각이 있다면 따로 적어 놓습니다. 목차를 만드는 과정에서 중요한 건 이렇게 다양한 키워드를 적으며 새로운 아이디어를 얻는 일입니다.

적으면서 바닥이나 벽에 주욱 붙여 놓으세요.

💬 그룹핑 – 비슷한 것끼리 모아보자

다음 단계는 이렇게 적은 키워드를 비슷한 것끼리 그룹으로 묶고, 그 그룹을 대표할 수 있는 상위 키워드를 찾아내는 겁니다. 이상위 키워드들이 챕터가 되거나 소주제가 됩니다. 이를 위해 알아두면 좋은 방법이 'MECE(Mutually Exclusive Collectively Exhaustive)'인데 '서로 중복된 것 없이' '누락된 것 없이' 그룹으로 모아두는 것을 말합니다. 어렵다면 이것만 기억하면 됩니다.

우선 포스트잇에 쓴 키워드들을 비슷한 것끼리 모아 놓습니다. 그리고 이 중 '글감 부족'과 '수집의 기술'이 비슷하게 느껴진다면 같은 쪽에 놓고 그 둘을 연결하는 키워드를 생각해서 적으면 됩니다.

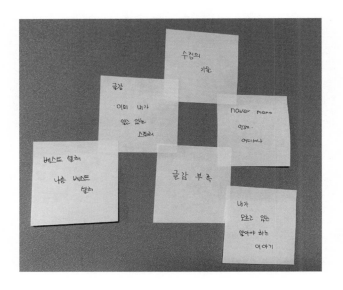

💬 '처음' '중간' '마지막'으로 정리

포스트잇 세 장에 각각 '처음' '중간' '마지막'이라고 적고 상단에 붙여 놓은 후 앞에서 비슷한 것끼리 모아 놓은 키워드들을 '처음'과 '중간'과 '마지막' 어느 쪽에 들어가면 좋은 내용인지 배치합니다. 여기서도 가장 중요한 건 순간적으로 떠오르는 생각입니다.

포스트잇을 배치하다 보니 예상과 다르게 '처음' 부분은 상당히 많은 내용이 들어가고 '중간'은 애매하다가 '마지막' 결론은 흐지부지하다는 걸 파악했다면 결론 부분에 해당하는 글감을 더 수집해야 한다는 사실을 알 수 있습니다.

이렇게 일차적으로 목차를 잡고, 소주제 하나씩 매일매일 원고를 써나가면 됩니다.

저는 이렇게 정리한 자료들을 Xmind라는 마인드맵 프로그램을 이용해 목차로 정리하고 있습니다. 이 프로그램은 xmindkorea.net에서 무료로 다운 받을 수 있으니 평소 정리에 어려움을 겪고 있는 사람이라면 지금 바로 다운받아 사용해 보세요.

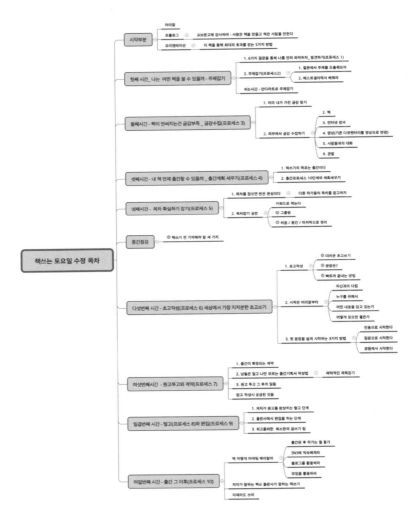

함께 해보는 과제

목차 만들기

이번 시간의 과제는 '목차 만들기'입니다. 앞에서 이야기한 포스트잇을 벽에 붙이면서 작성해도 좋고, 마인드맵 프로그램을 활용해도 좋습니다. 이때 다음 순서를 잊지 마세요.

1. 책에 들어갈 내용으로 생각나는 모든 것들을 적는다
2. 서로 비슷한 것들끼리 모은다
3. 대표 키워드를 도출한다
4. 추가적으로 생각나는 것들을 적어 놓는다

* * *

참고로 책마다 목차의 형태는 여러 가지가 있습니다. 에세이의 경우 형식에 구애받지 않고 소제목만 나열하거나 같은 주제별로 묶어서 나열하는 경우도 있고, 자기계발서의 경우는 주제의 흐름에 맞춰 편 → 장 → 절의 구성으로 하는 경우도 있습니다.

여러분의 책 역시 처음 시작을 할 때는 에세이의 경우라도 주제에 맞춰 편 → 장 → 절의 구성으로 목차를 만들고 시작하는 것이 좋습니다.

다음은 저의 책 ≪워라밸의 시대, 하루 3분 시간관리≫의 목차입니다. 참고하기 바랍니다.

≪워라밸의 시대, 하루 3분 시간관리≫

머리말
프롤로그

Part 1 왜 항상 시간이 부족할까? ···▶ 이 부분이 '편'입니다.
1장 시간관리, 어떻게 하세요 ···▶ 이 부분이 '장'입니다.
　　당신의 시간관리가 항상 똑같은 이유 ···▶ 이 부분이 '절'입니다.
　　시간관리를 하지 않는 2가지 이유
　　시간관리를 잘하는 사람들의 특징
　　할 일은 항상 새롭게 생긴다
　　지금 결심하고 바로 시작하라

책 쓰기 전 기억해야 할 세 가지

지금까지 우리는 좋은 글감, 즉 '나만의 스토리'를 발견하는 방법과 자료 수집, 출간 계획 작성과 함께 목차를 만들어 보았습니다. 이제 본격적으로 책 쓰기, 이른바 자판을 두드리며 손가락이 맹활약을 펼칠 일만 남았습니다.

책을 쓰고 싶다고 생각하는 사람은 많습니다. 하지만 목차까지 실제로 작성해 본 사람은 그리 흔치 않습니다. 축하합니다!

그럼, 충분한 휴식을 취한 후 다시 시작해 볼까요?

의자에 앉아 허리를 꼿꼿이 세우고, 노트북의 전원 버튼을 켭니다. 뭉친 어깨 근육을 풀어주고, 가볍게 목 운동을 해줍니다. 아, 따뜻한 차 한 잔이 있으면 더 좋겠네요. 커피도 좋고, 물도 좋습니다.

마지막으로 열 손가락의 근육을 풀어줍니다.

이렇게 준비가 끝났다면 바로 시작합니다. 우리의 전장은 '모니터'이며, 유일한 무기는 '키보드'입니다.

그런데 정말 1년 안에 책을 출간할 수 있을까요? 지금도 바쁜데 과연 책을 쓸 시간이 있을까요?

물론입니다! 책은 시간이 많은 사람만 쓸 수 있는 걸까요? 아니요. 우리보다 몇 배나 바쁜 사람들도 짬짬이 글을 쓰고 계속 책을 출간해 왔습니다.

본격적으로 책을 쓰기 전 다음 세 가지는 반드시 기억해야 합니다.

 첫째, 포기해야 할 것들이 있다

수강생 한 분이 고민이 있다며 상담을 요청했습니다.

"선생님, 제가 정말 빨리 책을 써야 하는데 쓸 시간이 없어요."

"마감시간을 정하고 하루에 조금씩이라도 매일 써보세요. 어떻게 해서든 초고를 완성해야 합니다."

"아무리 그래도 시간이 정말 없습니다. 요즘 너무 바빠요. 어떻게 해야 하죠?"

"그럼 아침에 좀 일찍 일어나면 어떨까요? 밤에 조금 늦게 주무시든지요."

"제가 하루 여덟 시간은 꼭 자야 해요. 아니면 다음 날 너무 피곤해 생활이 안 되더라고요."

"그렇죠, 그럴 수 있죠. 그럼 2~3주 정도 책을 쓰시는 동안만…. 아니면 당분간 차를 두고 출퇴근하시는 건 어때요? 오며 가며 노트북으로 글을 쓰셔도 괜찮을 것 같은데."

"사람들이 너무 많으면 가슴이 너무 답답하고, 그런 상황에서는 뭐를 써야 할지 모르겠더라고요. 글이 도통 안 써져요."

"그렇다면 올해는 바쁘니까 일에 집중하시고 책은 내년에 내는 건 어떨까요?"

"안 돼요, 선생님. 올해는 꼭 내야 합니다."

이런 분들이 제 주변에 꽤 많습니다. 물론 해야 할 일이 너무 많아서, 먹고살아야 해서, 또 퇴근 후 아이들을 챙겨야 하고 주말에는 집안일도 해야 하니 정신없습니다. 이해합니다. 언제나 삶이 먼저이니까요!

그렇지만 적어도 책을 쓰겠다고 결심했다면, 지금까지의 라이프 스타일을 그대로 유지하면서 책 쓰기를 슬쩍 끼워 넣어서는 안 됩니다. 저는 여러분의 책 쓰기가 여유롭고 한적하며 시간이 있을 때마다 끄적이는 취미활동이 아니었으면 좋겠습니다. 평생에 걸친 취미활동이 아니라 지금 결심했을 때 끝까지 해보는 하나의 매듭이었으면 합니다.

책을 쓰기 위한 시간은 누구에게나 절대적으로 부족할 수밖에 없습니다. 시간이 남아서 책을 쓰는 게 아니라면 우리가 온전히 책을 쓸 수 있는 시간은 대부분 퇴근 후 저녁시간에 국한될 겁니다.

그래서 당분간 포기해야 할 것은 지인들과의 저녁 약속입니다. 물론 중요한 약속까지 모두 취소할 수는 없습니다. 하지만 평소 퇴근시간이 다가오면 카톡방에서 소주 한 잔 같이 할 선수를 구해왔다면, 계획에도 없었고 중요하지도 않은 약속을 만들었다면 이제는 좀 미루어야 합니다.

피곤하더라도 잠을 줄여야 합니다. 매일 잠자기 전 30분 정도 글을 쓰거나, 아침에도 조금 일찍 일어나 글을 쓰는 시간으로 활용해야 합니다.

잠을 줄일 수 없다면 출퇴근시 이동시간이라도 활용해 봅시다. 차를 집에 두고 대중교통을 이용하는 겁니다. 그 시간 스마트폰으로 조금씩 글을 쓰는 습관을 가져 보세요. 잠깐이라도 자리에 앉으면 무조건 노트북을 펼치고 한 줄이라도 써보세요. 업무상 미팅이 있다면 미리 가서 기다리면서 글을 써도 됩니다.

어떤 분은 차를 가지고 출퇴근하면 왕복 한 시간인데, 대중교통을 이용하면 두 시간이라 너무 오래 걸린다고 차라리 빨리 퇴근해 글을 쓰겠다고 하더군요. 만원 지하철 안에서 부대끼며 글을 쓰는 건 집중이 안 되고, 노트북은 너무 무거워 들고 다니기 싫다고 하더군요.

그럼, 이 방법은 어떨까요? 주중에 하루라도 서너 시간을 내어 그 시간만큼은 누구의 방해도 받지 않고 여러분이 꿈꾸는 완벽한 공간에서 글을 쓰는 겁니다. 아니라면 주말을 송두리째 책 쓰기에 투자하는 건 어떨까요? 누구의 전화도 받지 않고 글쓰기에만 몰입하는 겁니다. 그런데 이것도 저것도 어렵다면 어떻게 해야 할까요?

제가 글을 쓰는 공간은 위에서 이야기한 곳들입니다. 글을 꼭 끝내야겠다는 생각을 하면 서서, 앉아서, 이동하면서 거기가 어디건 장소를 가리지 않았습니다. 지금까지 15권의 책을 쓰면서 책 쓰기에 온전히 몰입할 수 있을 만큼 시간이 여유 있게 주어진 적은 한 번도 없었습니다.

퇴고를 할 때는 큰 집중이 필요합니다. 그때는 어떻게 해서든 시간을 내어 수없이 고치는 마지막 과정을 거쳐야 합니다. 하지만 '초고'를 끝낼 때까지는 머릿속에 있는 생각들을 활자로 바꾸어 가득 채울 때까지 어디서나 글을 쓰기를 권합니다. 기존의 라이프스타일에서 한 가지도 포기하지 않으면서 더 큰 것을 얻겠다는 건 너무 큰 욕심이 아닐까요?

책을 출간하는 모든 저자는 한가한 사람일까요? 가정을 포기했을까요? 업무가 바쁘지 않을까요? 회사와 집이 가깝기 때문일까요? 특이체질이라서 하루 네 시간만 자도 되는 걸까요? 안 되는 이유와 변명을 찾자면 밑도 끝도 없습니다. 시간은 언제나 없고, 할 일은 언제나 많습니다. 마음 한구석에서는 시간이 없기 때문이 아니라, 시간이 없어서 쓸 수 없다고 미리 변명할 거리를 찾고 있는 건 아닐까요? 정말 간절하게 올해는 책을 출간해야 한다면 구차한 변명은 이제 그만하고, 자리에 앉아 바로 시작해야 합니다.

2018년 중순에 '책 쓰는 토요일' 과정을 수강했던 분들을 대상으로, 여러 이유 때문에 글쓰기를 멈춘 사람들을 위해 '이제라도 쓰자'라는 모임을 만들었습니다. 모임에 참석한 사람들은 바쁜 생활 속에서도 다시 기회가 생기자 뒤돌아보지 않고 열심히 글을 써 나갔습니다. 이 모임 역시 참여를 원했던 이들이 그렇게 많았건만, 실제 모임에는 오지 않은 분들이 더 많았습니다. 짐작컨대 그분들의 책을 서점에서 만나는 건 아직 더 많이 기다려야 할 것 같습니다.

💬 둘째, 뒤돌아보지 말자

수포자, 수학을 포기한 사람을 말합니다. 학교에 다닐 때 저도 그랬지만 정신을 차리고 처음부터 다시 기초부터 수학을 공부해야겠다는 생각을 할 때가 있었습니다. 그럴 때면 ≪수학의 정석≫을 책꽂이에서 다시 빼들어 집합 단원부터 열심히 시작하다 방정식이 시작되는 부분에서 약속한 듯 손을 놓게 됩니다. 며칠이 지나 다시 '기초'를 이야기하며 집합부터 시작합니다. 이런 과정이 몇 번 반복되다 몇 달이 흐르면 ≪수학의 정석≫은 집합 부분만 손때가 타 새까맣게 변합니다. 공감하는 분이 많으실 겁니다.

책 쓰기도 마찬가지입니다. 멈추었다가 다시 처음부터 시작하는 분들이 있습니다. 하지만 책을 쓸 때는 이렇게 하면 절대로 안 됩니다.

어두운 터널을 지날 때는 브레이크가 아닌 액셀을 밟아야 합니다. 저는 여러분의 마음을 잘 알고 있습니다. 글을 쓰는 내내 '내가 지금 잘 쓰고 있는 걸까?' '이 부분은 고치는 게 낫지 않을까?' 하는 생각에 갈팡질팡하는 마음을요. 앞에 썼던 글을 모두 지우고 새로 쓰고 싶은 그 마음을 잘 알고 있습니다. 하지만 참아야 합니다. 처음 쓴 원고를 고치다 보면 책은 영원히 끝낼 수 없습니다.

절대로 뒤돌아보지 마세요. 수정은 나중에 해도 충분합니다. 목차에 맞춰 착실하게 한 걸음 한 걸음 전진해야 합니다. 어제 쓴 글을 읽으면 고치고 싶고, 한 번 고치게 되면 계속 고치게 됩니다. 일단 끝까지 써봐야 여러분의 머릿속에 있는 생각들이 무엇인지, 무슨 이야기를 하고 싶었던 건지 알 수 있게 됩니다.

초고를 끝까지 완성해야 하는 이유가 바로 여기에 있습니다.

💬 셋째, 너무 잘 쓰려고 하지 말자

그동안 여러분은 많은 작가들의 책을 읽으며 때로는 감탄을, 때로는 '이 정도면 나도 쓰겠다'며 조롱한 적도 있을 것입니다. 그런데 막상 자신의 책을 쓰려고 자리에 앉으면 한 줄도 쓰지 못하는 경우가 대부분입니다. 왜 그럴까요?

가장 큰 이유는 '너무 잘 쓰려고 해서'입니다. 평소 글로 먹고살았던 사람이 아니라면 글을 잘 쓰지 못하는 건 너무도 당연합니다. 처음부터 멋진 문장, 화려한 수사, 가슴 저린 문장을 쓰는 건 불가능합니다. 그러니 미사여구에 집착하여 잘 쓰려 하지 말고 일단 써야 합니다.

가수 오디션 프로그램에 심사위원으로 나온 가수 박진영이 "노래를 부를 때는 공기 반, 소리 반이어야 한다"고 조언했듯이, 여러분의 책 역시 평소 말투 그대로 자연스럽게 쓰면 됩니다.

수정은 나중에 해도 됩니다. 다소 투박하더라도 여러분의 생각이 말이 되고 글이 될 수 있도록 써야 합니다. 다른 사람을 흉내 내는 순간, 글은 다른 사람의 것이 됩니다.

그러니 자신의 이야기를 자신의 방식대로 진솔하게 풀어 나가는 것이 먼저입니다.

포기하지 말고
끝까지 쓰자!

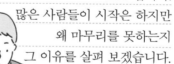

이번 시간의 키워드는
'초고'입니다.
많은 사람들이 시작은 하지만
왜 마무리를 못하는지
그 이유를 살펴 보겠습니다.

다듬어지지 않은 원고, 초고

 초고 작업은 빠를수록 좋다

초고는 글쓴이가 쓰고 싶은 생각들을 맨 처음 풀어놓은 '날것' 상태의 원고를 말합니다. 그렇다 보니 다른 사람에게 보여주기에는 좀 부끄러운 상태일 때가 많습니다. 그래도 그 거친 상태가 주는 울림이 있어서 '아, 내가 이런 말을 하고 싶었던 거구나!' 읽으며 스스로 감동하기도 합니다.

초고는 되도록 빨리 끝내는 게 좋습니다. 초고를 빨리 끝내고 싶다면 분위기 있는 카페에서 글을 멋지게 쓰겠다는 생각보다 '아무 곳에서나' '어떻게라도' 쓰겠다고 다짐해야 합니다.

원고는 '한글' 프로그램으로 작성하는 게 좋지만, 초고 단계에서는 손에 맞는 다양한 도구로 작성해도 됩니다. 이른바 '어떻게라도'에 해당하죠. 노트북을 펼 수 없는 상황이라면 스마트폰으로 쓰면 됩니다. 이때는 스마트폰과 노트북이 서로 동기화될 수 있는 환경이 구축되어야겠죠? '에버노트'와 '원노트' 등의 메모 프로그램에 써도 좋고, 블로그에 글을 쓰고 '나만 보기'로 저장해 놓아도 됩니다.

그리고 초고 때는 맞춤법과 전체 구성은 너무 고민하지 마세요. 어차피 퇴고와 탈고 단계에서 끝없이 고치는 과정이 반복되기 때문입니다.

💬 초고의 분량은?

그런데 도대체 초고는 어느 정도 써야 할까요? 쉽게 말해 한 권의 책을 출간하기 위해서는 A4 용지로 몇 장이나 써야 할까요?

궁금한 건 못 참는 성격이다 보니 책 한 권을 정해 20쪽 정도를 타이핑해 봤습니다. 그러니 대략 감이 오더라고요. 나중에 어느 편집자에게 이 이야기를 했더니 간단하게 말하더군요.

"그냥 책 페이지를 2로 나누세요."

이게 정답이었습니다. 너무 간단했죠. 만약 우리가 목표로 하는 책이 300쪽 분량이라면 2로 나누면 됩니다. 그러면 150이 되죠? A4 용지로 150장을 쓰면 300쪽의 책이 됩니다.

고민이 절반으로 줄었네요. 매일 한 장씩 쓰겠다고 결심하면 150일이면 초고가 끝납니다. 150일은 대략 5개월입니다. 평생의 소원인 책 쓰기가 하루에 A4 한 장 글을 쓰면 반년도 되지 않아 끝난다니 대단하지 않나요? 하루에 두 장을 쓰면? 75일, 3개월이 채 되지 않습니다. 물론 매일 A4 용지 두 장의 글을 쓴다는 것은 쉬운 일이 아닙니다. 못 쓰는 날도 있을 겁니다. 그럴 때는 이 셈법을 적용해 '아, 이번 주에 열 장을 써야 했는데 못 썼네. 주말에 세 장 더 쓰면 되지. 뭐!'라며 분량을 채우면 됩니다.

그러니 이제 걱정은 반으로 줄이세요. 대략 A4 120~130장 정도면 충분합니다. 요즘은 책도 작아지고 있어 원고 분량이 점점 줄어드는 추세이니 80~100장 정도면 230쪽 분량의 책이 나옵니다. 어떤가요? 마음이 놓이지 않나요?

'여행기'를 쓰는 분이 고민을 이야기했습니다. 아직 비행기가 출발하지도 않았는데 너끈히 100장을 넘겼다고 합니다. 이런 경우 어떻게 하면 좋을까요? 여행이 끝나는 날까지 이런 추세로 쓰게 되면 A4 300장, 책으로는 600쪽이라는 엄청나게 두꺼운 양이 나옵니다. 어떻게 해야 할까요?

그분에게 드린 조언은 "페이지는 나중 문제이니 일단 계속 쓰세요. 나중에 덜어내면 되죠."였습니다.

분량이 적어서 고민이지 많은 건 고민하지 않아도 됩니다. 몇 번이나 이야기했죠? 우선 내용이 먼저이고, 분량이나 문장력은 나중의 일입니다. 그러니 뒤돌아보지 말고 달리세요.

초고를 빠르게 끝내는 방법

빠르게 초고를 끝낼 수 있는 비결은 바로 앞장에서 작성한 '목차'에 있습니다. 목차에서 '절 제목'을 꼼꼼하게 정하고, 책을 쓸 때 이것에만 집중해서 쓰면 됩니다.

그럼, 각각의 절 제목(중주제)을 빠르게 쓸 수 있는 방법을 알려드릴게요.

우선 '네이버 메모' '에버노트' '블로그' 등 어떤 것이든 편하게 사용할 수 있는 스마트 도구를 하나 정하세요. 그리고 매일 아침 '절 제목'으로 노트를 만들고, 시간이 될 때마다 스마트폰이나 노트북 어느 것에라도 글을 쓰는 겁니다.

[폰에서 에버노트에 글쓰기] [노트북에서 에버노트에 글쓰기]

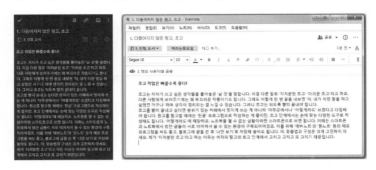

　　이렇게 하면 언제 어디서나 나의 글을 연결해서 쓰는 게 가능합니다. 이런 작업은 게임처럼 하나하나 단계를 밟아가는 재미도 있고 성취감도 얻을 수 있습니다(이렇게 해서 완성한 단락은 '목차'에 완료 체크 표시를 해놓습니다).

그런데 글을 쓰다 보면 교통체증처럼 꽉 '막힐' 때가 있습니다. 인용하고 싶은 책이나 영화 제목도, 인상적인 대사도 기억나지 않을 때가 있습니다. 자료를 찾아 넣어야 하는데 너무 번거로울 수도 있습니다. 혹은 표현이 마음에 들지 않아 한없이 답답할 때도 있죠. 그럴 땐 이렇게 쓰면 됩니다.

'잘 모르겠음. 나중에 다시 찾아볼 것!'

20포인트, 붉은 색으로 잘 보이게 써놓으세요. 그리고 다음 문장으로 넘어가면 됩니다.

이건 상당히 중요합니다. 지금 잘 모르고 헷갈렸던 부분에 계속 매달리다 보면 다음 글로 넘어가지 못합니다. 책의 마지막까지 글을 쓰다 보면 나중에 "아!" 하면서 생각이 날 때가 반드시 오게 됩니다. 안 되는 걸 붙들고 씨름해 봤자 나아지는 건 하나도 없습니다.

절대로 글을 쓰는 속도를 떨어트리지 마세요.

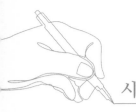

시작은 머리말부터

모든 일에는 시작과 끝이 있듯, 이 세상의 모든 책도 시작과 끝이 있습니다. 끝이 '맺음말'이라면 시작은 '머리말'입니다.

여러분이 좋아하는 책을 떠올려 보세요. 어떤가요? 줄거리가 쉽게 기억나고, 달달 외울 정도로 근사한 구절이 떠오를 수도 있습니다.

그런데 머리말은?

대부분 기억나지 않습니다. 머리말은 쉽게 잊히고, 심지어는 아예 읽지 않는 사람들도 많습니다. 그런데도 작가들은 왜 머리말을 그렇게 공들여 쓰는 걸까요?

머리말은 저자가 독자에게 보내는 진솔한 편지이기 때문입니다.

현실에서 만나기 어려운 사람들에게 쓰는 초대장이라고 생각하면 됩니다. 그러니 신경을 쓸 수밖에 없겠죠? 그렇다고 너무 긴장할 필요는 없습니다. 최대한 쉽고 편하게 쓰면 됩니다. 앞에서 목차를 벤치마킹했듯 머리말도 다른 작가들의 것을 참고하면 좋습니다.

지금 바로 좋아하는 책을 꺼내 보세요. 머리말에 어떤 내용이 담겨 있는지, 왜 이 책을 쓰게 되었는지, 작가는 어떤 부분을 당부하고 있는지, 누구에게 감사하고 있는지 천천히 살펴보기 바랍니다.

머리말은 언제 써야 할까요?

그건 작가에 따라 다릅니다. 어떤 작가는 모든 집필 과정이 끝난 후 충족감과 허탈함을 담아 머리말을 씁니다. 또 어떤 분들은 본론에 들어가기 전 미리 마음을 가다듬으며 쓰기도 합니다.

먼저 쓰느냐 나중에 쓰느냐는 중요하지 않습니다. 다만 이 책을 읽는 여러분은 먼저 썼으면 합니다. 머리말을 먼저 쓰고, 원고를 다 쓴 다음 다시 머리말로 돌아가 읽고 할 말이 생각나면 덧붙이면 됩니다. 빼고 싶은 건 빼고요. 그러면 시작할 때 썼던 머리말이 더욱 탄탄해집니다.

앞에서 저는 누누이 초고를 쓰는 중에는 절대로, 처음으로 돌아가, 다시 읽지 말라고 이야기했습니다. 하지만 머리말은 예외입니다. 언제든 다시 읽어도 됩니다.

매일매일 꾸준히 글을 쓰면 좋겠지만 쉽지 않습니다. 바쁘다 보면 '내일 쓰지. 뭐!' 하면서 그냥 넘어가기 쉽습니다. 하지만 그렇게 하루하루를 넘기다 보면 일주일, 한 달 동안 한 줄도 쓰지 않은 자신을 발견하게 됩니다. 그런 때 머리말은 여러분을 위한 등대가 되어줄 수 있습니다. 책 쓰기에 대한 잃어버린 열정과 의욕을 다시 한 번 상기시켜 줄 겁니다.

대부분의 머리말에는 다음 네 가지가 들어갑니다. 이를 참고해 나만의 머리말을 써보기 바랍니다.

💬 첫째, 자신과의 다짐

'나는 왜 이 책을 썼는가?' 아직 전체 원고를 완성하지 않았더라도 썼다는 가정 하에 나의 생각을 정리해 보는 겁니다.

책을 어떤 방식으로 읽는 것이 좋다는 안내장으로 활용하기도 합니다. 남들 다 자는 한밤중에 깨어 키보드를 두드리는 이유, 굳이 책 쓰기의 고된 길로 들어와 사서 고생을 하는 이유 등 그 이유와 다짐을 머리말에 담아도 좋습니다.

아직 세상에 나오지도 않은 여러분의 책을 기다리는 사람은 누구일까요? 누가 독자가 될지 궁금하지 않나요? 물론 전 국민 모두가 대상이면 좋겠지만, 그러긴 어렵죠. 그렇다면 여러분의 책을 읽어줄 단 한 사람을 생각해 보세요.

몇 살일까요? 남자일까요, 여자일까요? 어떤 직업을 가지고 있는 사람일지? 어떤 상황에 처해 있는 사람인지? 우울한 상태인지 행복한 상태인지? 지적 호기심이 가득한 멋진 청년도 좋고 책읽기가 취미인 할머니여도 좋고…. 10년은 어리거나 같은 나이의 독자도 좋습니다.

어떤 책의 한 구절이 여러분 인생에 큰 영향을 미쳤던 것처럼, 지금 쓰고 있는 글이 다른 사람의 인생을 바꿀 수도 있습니다.

이런 생각을 하면 나만의 책, 빨리 쓰고 싶지 않은가요? 여러분의 독자를 빨리 만나고 싶지 않은가요?

"아들을 위해 책을 쓸 생각입니다."

'책 쓰는 토요일'의 수강생 중 춘천에서 올라온 한 남성은 이렇게 말했습니다. "나를 위해서가 아니라 아들을 위해!"

신체에 약간 장애가 있는 아들에게 자신감을 주기 위해 아빠가 쓰는 책이라니! 너무 멋지죠?

앤 라모트는 자신의 책 ≪글쓰기 수업≫에서 삶의 마지막 나날을 보내고 있는 친구에게 그의 이야기를 써서 선물하겠다고 했습니다. 친구는 고맙게 받아들였죠. 결국 세상을 떠났지만 그녀에 대한 이야기는 세상에 남게 되었습니다.

나 자신을 위해서는 어떨까요? ≪오늘 내가 살아갈 이유≫의 위지안 교수는 어느 날 인생의 정점에서 '말기암' 선고를 받았습니다. 모든 걸 포기할 수밖에 없었던 그때, 한 친구의 권유로 그녀는 자신의 이야기를 블로그에 썼습니다.

그녀는 세상을 떠났지만 '뭔가를 이루기 위해 전속력으로 달리는 것보다 곁에 있는 이의 손을 한 번 더 잡아보는 것이 훨씬 값진 일이다'와 같이 그녀가 남긴 글은 아직도 사람들에게 기억되고 있습니다. 삶은 유한하죠. 하지만 책은 불멸성을 가지기 때문에 그녀의 글은 앞으로도 영원할 겁니다.

그러니 여러분도 천천히 자신만의 이야기를 생각해 보세요. 누구에게 어떤 이야기를 전할까 한 번 더 고민해 보세요.

💬 셋째, 어떤 내용을 담고 있는가

극장에 비치된 영화 전단지를 보면 단 3, 4줄로 영화의 줄거리를 요약합니다. 우리도 책을 낼 때 그렇게 해보면 어떨까요?

자신의 책에 어떤 내용이 담겨 있는지 간단하게 요약해 핵심만 전달해 보세요. 물론 좀 더 길어도 괜찮습니다. 실용서라면 1장에는 어떤 내용이 있고 2장은 무엇에 대해 다루고 있다고 안내하는 형식이어도 됩니다. 에세이를 쓰고 있다면 자신의 삶에서 어떤 소중한 경험을 담고 있는지 살짝 소개하는 것도 좋습니다.

💬 넷째, 어떻게 읽으면 좋은가

독자들이 여러분의 책을 어떻게 읽기를 원하나요? 첫 페이지부터 마지막까지 정독을? 아무 페이지나 펼쳐 자유롭게? 아니면 필요한 부분만 찾아 발췌해서 읽는 건 어떨까요? 물론 이 모든 건 독자의 마음에 달려 있지만 여러분의 생각을 전해도 좋습니다.

* * *

≪데일 카네기 자기관리론≫은 머리말의 교과서에 가깝습니다. 책은 이렇게 시작합니다.

'35년 전 나는 뉴욕에 사는 가장 불운한 젊은이들 중
한 사람이었다.'

이 구절을 읽는 순간 독자는 무조건 책 속으로 빨려들어 가게
됩니다. '불운했다고? 카네기가? 그런데 어떻게 그렇게 성공했을
까?'

더 강렬한 건 다음 문장입니다.

여러분이 이 책을 고른 것은 이 책이 어떻게 써졌나를 알기 위해서는 아닐 것이
다. 여러분은 실천을 원하고 있다. 그러니 이제 시작해 보자. 우선 이 책을 처음
부터 41쪽까지 읽어보기 바란다. 그때가 되어서도 걱정을 없애고 삶을 즐길 새
로운 힘과 영감을 얻지 못한다면, 이 책을 쓰레기통에 처박아도 좋다. 그 사람에
게 이 책이 쓸모가 없기 때문이다.

책을 읽고도 아무 변화가 없으면 책을 쓰레기통에 처박아도 좋
다고 단언합니다. 그래서 이 책은 대단합니다.

필요한 사람에게는 이 책이 가치가 있다고 자신있게 말하면서
자신의 책을 필요로 하지 않는 사람들을 굳이 설득하려 하지 않습
니다. 하지만 '장담하건대 이 책을 일부라도 읽는다면 당신은 관찰
하는 삶에서 실천하는 삶으로 바뀌게 될 것!'이라고 카네기는 말

하고 있습니다. 어떤가요? 작가의 당당함이 느껴지지 않나요?

> "학교는 우리 아이들에게 자신들이 살아가고 있는
> 지금의 현실세계를 제대로 가르치고 있을까?"

로버트 기요사키의 책, ≪부자 아빠 가난한 아빠≫의 머리말은 이렇게 시작합니다. 독자들은 다음에 과연 어떤 말이 나올까 기대하게 됩니다.

여러분도 이런 머리말을 쓰고 싶지 않은가요?

다음은 지금 읽고 있는 ≪책 쓰는 토요일≫의 머리말입니다.

한 권의 책을 쓰는 과정은 혼자 떠나는 여행과 같다. 때론 이 여행이 고독할 수도 있다. 친구를 앞에 두고 말을 주고받는 게 아니라 하얀 종이 위에 끊임없이 생각에 관한 생각을 하며 글을 쓴다는 것은 쉬운 일이 아니다. 하지만 한 권의 책을 쓰기 위한 여행을 하며 자신과 끊임없이 대화를 주고받고, 생각하고, 고민하는 순간순간에서 내가 누구였는지, 무엇을 원하는 건지를 알 수 있다.

정상으로 올라가는 길은 상상할 수 있지만, 그 상상이 당신을 정상으로 데려가 주지는 못한다. 마찬가지로 책을 쓰는 여행 역시 자신의 손으로 걸어보지 않으면 절대로 알 수 없다. 길을 아는 것과 길을 걷는 것은 분명 다르다. 이 길 역시 혼자 가야 한다.

내가 할 수 있는 건, 혼자 걸어가야 하는 당신의 곁에서 먼저 걸어본 사람으로서 좀 더 쉽게 갈 수 있도록 방향을 제시하고 함께 걷는 일이다. 이 책 역시 그런 마음으로 썼다.

썼다 하면 베스트셀러가 되는 작가도 아니고, 독자들의 감성을 건드려 눈물을 자아내는 작가도 아니지만, 저는 평범한 직장인에서 작가의 길을 먼저 걸어본 사람으로서 여러분을 '책 쓰는 토요일'에 초대한다고 썼습니다. 어떤가요? 어렵지 않죠?

첫 문장을 쉽게 시작하는 세 가지 방법

    글을 시작하기 위해서는 '첫' 문장을 써야 합니다. 그런데? 어떻게 시작해야 할까요?

    첫 문장만 잘 시작하면 막힘없이 술술 쓸 수 있을 것 같은데…. 뭐라고 써야 할까요? 쉽지 않습니다.

    심한 경우 하얀 바탕의 모니터 화면에 쓰다 지우기만 반복하다 결국 시작도 못하는 사람도 많이 봤습니다.

    다시 독자의 입장에서 생각해 보겠습니다. 머리말도 그랬지만 지금까지 읽었던 책들의 '첫 문장'은 그다지 기억나지 않습니다. 우리가 집중하는 것은 책의 중심 내용, 즉 본론이기 때문이죠. 하지만 이제 작가의 관점에서 다시 읽어봐야 합니다.

고민하는 독자들을 위해 전설적인 작가 스티븐 킹은 이런 글을 남겼습니다.

나는 훌륭한 첫 문장에 곧잘 반해버리기 때문에 자그마한 공책에 그런 문장들을 수집하고 있다. 다른 사람들이 우표나 동전을 수집하는 것처럼. 그런데 《시인》의 첫 문장은 그 중에서도 최고다. "나는 죽음 담당이다." 잭 매커보이가 쓴 이 문장을 보는 순간, 우리는 홀딱 반해서 빨려 들어간다. 게다가 이 문장은 공연히 분위기만 잡는 것이 아니라, 소설 전체의 분위기를 완벽하게 전달해준다. 어둡고, 음침하고, 무섭기 짝이 없는 분위기. 이 문장은 또한 코넬리가 이전에 썼던 네 편의 작품과 《시인》 사이의 거리를 단번에 벌려 놓는 역할을 한다.

《시인》 서문 중에서

마이클 코넬리의 《시인》이란 소설에 스티븐 킹이 쓴 '서문' 입니다(영화 〈링컨 차를 탄 변호사〉의 원작자로 잘 알려진 작가 마이클 코넬리의 책들은 대부분 엄청 두껍지만 두께만큼이나 재미있습니다). 그러니 위의 글에서 '나'는 스티븐 킹이죠. 킹은 작은 공책에 '첫 문장'을 수집합니다. 《시인》의 첫 문장은 '나는 죽음 담당이다'로 시작되며, 이 글 다음에는 어떤 글이 이어지더라도 이 책은 '죽음'에 관한 이야기라는 걸 알려주고 있습니다.

저도 이 서문을 읽은 다음에는 어떤 책을 읽더라도 첫 문장을 유심히 읽고, 내용이 좋으면 반드시 기록하고 있습니다.

첫 문장이 중요한 이유는 첫 문장이 글 전체의 분위기를 잡아주기 때문입니다.

'나는 모범생은 아니었다.'

이 첫 문장을 읽으면 독자들은 '모범생이 쓴 딱딱한 글은 아니겠구나!' '앞으로 어떤 재미있는 이야기가 펼쳐질까?'라는 상상을 하게 됩니다. 이 글은 《주진우의 정통 시사 활극, 주기자》라는 책의 첫 문장입니다. 〈시사in〉의 기자로서, 각종 의혹 사건에 대해 목숨 걸고 취재를 하는 그이기에 첫 문장에서 그는 자신의 삶을 압축해 들려주고 있습니다.

"아빠, 제가 부자가 되는 법 좀 말씀해 주실 수 있어요?"

《부자 아빠 가난한 아빠》의 첫 문장은 이렇게 시작합니다. 모두가 관심 있는 주제죠. 더 나아가 여러분의 자녀가 이렇게 물어봤다면 뭐라고 답할 건가요? 이 글을 보며 우리는 '다음에 이어지는 글들은 부자가 되는 법에 대한 이야기겠구나!' 하고 기대하게 됩니다.

스티븐 킹이 다른 사람의 첫 문장을 수집하는 방식대로 우리도 그렇게 해보면 어떨까요? 첫 문장을 수집하기 시작하면 그때부터 멋진 문장들을 만날 수 있게 됩니다. 지금, 자리에서 일어나 책장에 꽂혀 있는 책 중에서 좋아하는 책을 몇 권 골라 첫 문장을 읽어 보세요. 그 책들의 첫 문장은 어떻게 시작했을까요? 읽으면서 여러분의 마음속 깊은 곳에서 떠오르는 멋진 첫 문장을 생각해 보세요. 그리고 쓰면 됩니다.

여기 여러분의 첫 문장을 도울 세 가지 방법을 준비했습니다.

 **첫째, 인용으로 시작**

"데이브, 멈춰요. 멈추라고요. 멈춰요. 데이브, 멈추라고요."
스탠리 큐브릭 감독의 영화 〈2001 스페이스 오디세이〉의 마지막 부분에 등장하는 이 기괴하면서도 가슴 아픈 명장면에서 슈퍼컴퓨터 할은 단호한 태도의 우주인 데이브 보우먼에게 애원한다.

니콜라스 카의 ≪생각하지 않는 사람들≫의 첫 문장입니다. 〈2001 스페이스 오디세이〉의 영화 대사를 인용했기에 독자들은 영화의 장면을 떠올리며 책 속으로 빠져들게 됩니다.

마찬가지로 여러분이 봤던 영화, 드라마 중 기억나는 대사가 있다면 그 대사를 인용해 보는 건 어떨까요? 노래 가사도 좋습니다.

'길을 아는 것과 걷는 것은 다르다.'〈매트릭스〉

'죽느냐 사느냐, 그것이 문제로다.'〈햄릿〉

"그가 절대 거절하지 못할 제안을 할 거야."〈대부〉

"토토, 우리는 더 이상 캔자스에 있는 것 같지 않아."〈오즈의 마법사〉

잊을 수 없는 명대사들이죠. 저도 이런 글들을 수집해 놓고 종종 사용하고 있습니다. 잘 기억나지 않는다면 네이버나 구글에서 '영화 명대사'로 검색하면 바로 나옵니다.

 둘째, 질문으로 시작

어떤 동기 때문에 높은 지위를 구하려고 달려드는가? 이 점에 대해서는 몇 가지 일반적인 가정이 있는데, 그 가운데도 돈, 명성, 영향력에 대한 갈망이 주로 손에 꼽힌다.

불안할 때마다 꺼내 읽고 있는 책, 알랭 드 보통이 쓴 《불안》 의 첫 문장입니다. 질문을 던지면 독자들은 답을 생각하게 됩니다. 이런 방식으로 작가가 던진 질문과 그에 대한 해설을 따라가며 독자들은 좀 더 편안하게 작가의 생각이 펼쳐지는 과정을 따라갈 수 있습니다. 첫 문장에서 '돈' '명성' '영향력'을 이야기했기 때문에 다음의 글들은 이에 대해 하나씩 풀어나갈 거라 예측할 수 있죠.

우리가 누군가를 처음 만날 때 가장 먼저 보는 상대의 신체부위는 어디일까?

이 질문에 대해 얼굴이 빨개졌다면 이 책의 다음 문장이 궁금할 겁니다. 그런 점에서 이 책의 첫 문장은 성공했죠. 행동분석 전문가 이상은 저자의 ≪몸짓 읽어주는 여자≫는 이렇게 시작합니다.

'가장 먼저 보는 상대의 신체부위는?'

이 질문에 대해 독자는 스스로 답을 하게 되고, 저자는 이에 대해 하나씩 해설합니다.

쉽죠? 그러니 주저하지 말고 '질문'으로 시작해 보세요.

 **셋째, 경험에서 시작**

"아차 늦었다."

알람을 세 개나 맞추고 잤는데도 못 들었다.

- ≪워라밸의 시대! 하루 3분 시간관리≫ (이임복, 천그루숲)

카페를 운영하다 보면 종종 일어나는 일이다.

- ≪구대회의 인생 커피≫(구대회, 황소걸음)

자신의 경험, 전해 들었던 이야기에서 시작하는 건 굉장히 좋은 방법입니다. 현실감이 있기 때문이죠.

'이거밖에 안 돼?' '이걸 글이라고 썼어?' '어차피 넌 안 돼!' '정말 잘했다.' '우승은 김○○' 무엇이든 좋습니다.

여러분이 책을 쓴 이유는 책을 쓸 만큼의 경험이 있었기 때문입니다. 여행 책을 쓰고 있다면, 여행지에서 만난 사람들과 나누었던 이야기를 떠올려보면 됩니다. 인생의 멘토에게 들었던, 지금도 잊혀지지 않는 말이 있다면 그 이야기로 시작하면 됩니다. 시합에 출전해 정신없이 뛰었는데 우승자로 자신의 이름이 불린 순간 받았던 감동적인 경험이 있다면 바로 그때를 글로 적으면 됩니다. 솔직하면 할수록 사람들은 당신의 이야기에 더 빠져들게 되죠.

자신이 경험했던 한 시점을 담담히 써 내려가 보는 건 어떨까요? ≪구대회의 인생 커피≫는 '카페를 운영하다 보면 종종 일어나는 일이다'로 이야기가 시작됩니다. 덤덤하게 써 내려가는 글에서 우리의 궁금증은 증폭됩니다.

'도대체 어떤 일이 일어난 거지?' '종종 일어났다고?'

조금 더 읽어 볼까요?

40대 후반의 중년 남성이 메뉴판을 물끄러미 쳐다보더니 에스프레소 마키아토를 주문한다. 잠시 후 음료를 받아 든 손님은 순간 동공이 흔들리면서 "이게 뭐죠?"라고 묻는다.

다음 내용이 궁금해지네요. 독자로 하여금 계속해서 읽을 수밖에 없게 만드는 멋진 책입니다.

그러니 이렇게 시작해 보세요. 마치 일기를 쓰듯 하루의 일을 툭 던지며 시작해 보는 거죠. 평범하다고 생각했던 일상이 독자들에게는 아주 매력적인 일상으로 펼쳐질 수도 있습니다.

당신의 독자는 누구인가?

여러분의 책은 '어떤 분들이 읽으면 좋을까요?' '누구를 위한 책인가요?' 여러분이 상상하는 독자에 대해 적어보세요. 그리고 예상독자들을 설득할 수 있는 머리말을 작성하면 됩니다.

많은 내용이 아니더라도 괜찮습니다. '왜 이 책을 쓰고 있는지?' '누가 읽으면 좋겠는지?' '이 책의 구성은 어떻게 되어 있는지?' '어떤 내용을 담고 있는지?' 등을 먼저 적은 후 그것들을 이어 머리말로 만들어 보세요.

참고로 다음은 '책 쓰는 토요일'에서 수강했던 분들의 과제입니다.

* * *

내 책의 독자는 나도 내가 왜 이러는지 모르겠는 사람들, 작은 것에도 예민하고, 힘이 드는 사람들, 사소한 것에도 신경을 많이 써서 자기 자신이 더 힘든 사람들, 그럼에도 불구하고 나 자신을 이해하려는 것을 멈추지 않는 사람들이다.

타고나길 너무 예민한 나머지 커다란 덩치를 가지고도 쉽게 죽는 개복치라는 생선이 있다. 그런 개복치처럼 가녀린 신경을 타고나서 모든 게 거슬리고 힘들어도 열심히 하루하루를 살고 있는 사람들, 너무 느려서 '움직이고 있는 건가?' 싶은 데도 꼬물꼬물 하루를 살아내는 달팽이 같은 삶의 이야기를 하고 싶다.

- 박지영 님

내 책의 독자는 크게 3가지로 나누어 생각해 볼 수 있다.

첫 번째는 나와 동시대를 살았던 마흔 살들.

쿼터가 아닌 전후반 농구를 기억하고, IMF 외환위기를 몸소 경험해 위태롭게 스무 살을 맞이했으며, 아날로그와 디지털 사이에 끼인 세대로써 어쩌면 노땅들이 보면 디지털의 선두주자이지만 태어나면서부터 디지털인 밀레니얼 세대와는 경쟁이 되지 않는…. 어쩌면 가장 불운하면서도 가장 운 좋은 끼인 세대와 과거를 추억하고 미래를 꿈꾸고 싶다.

두 번째는 원하던 원하지 않던 꿋꿋하게 혼자 살고 있는 독거인.

1인가구, 독거인이 늘어난다고 한다. 사실 주변에는 그리 많은 독거인은 없는데 '배달의 민족'에도 1인가구 카테고리가 생긴 걸 보면 분명 사회적으로 독거인이 핵심구역으로 들어섰다고 볼 수 있다. 특히 불혹의 독거인, 특히 독거처녀인 경우 할 말도 많고 해야 할 말도 많다. 독거를 부러워하는 사람에게도, 독거를 안타까워하는 사람에게도 할 말이 많아 한참을 쏟아부을 수 있을 것 같다.

세 번째는 세상 쫄보들.

사실 어쩌면 내가 세상 제일가는 쫄보이긴 한데, 웃기게도 쫄리는 상황이 올수록 말이 많아지고 목소리는 커지고 입은 한없이 거칠어진다. 그래서 쫄보들이 보기에는 내가 세상에서 제일 당당하고 씩씩한 사람으로 오해할 수 있다. 그러나 어쩌면 세상 제일가는 쫄보는 나일지도^^. 어찌 되었든 간에 자꾸 당당한 척하고, 씩씩한 척하다 보니 (눈에 확 띄지는 않지만) 그래도 꽤 많이 강해지고 있음을 느낀다. '하다 보니 늘었다'라는 말이 사실이 되어가고 있는 것 같다. 그래서 세상의 쫄보들과 함께 조금이라도 당당하고 씩씩하게 살 수 있도록 서로를 응원해 주고 싶다.

- 한정혜 님

물을 무서워한다. 몇 년 전 짧은 휴직을 하면서, 제일 먼저 수영을 배운 것도 같은 이유다. 그렇다고 물과 친해지기엔 삼십 년이란 시간이 너무 길었나 보다. 접영을 다 배우지 못하고 수영은 그만두었다. 그나마 스쿠버다이빙을 할 수 있다는 것이 신기했다. 바다가 반짝거린다는 것도 그때 알았다. 바닷속으로 들어오는 햇빛을 바라보며….

"어디를 여행하든 똑같으니까, 다르게 떠나보자!"

다이빙을 가자고 친구를 꾀며, 근사하게 말하고 싶었다. 어느 나라를 여행하든 좋은 풍경이나 좋은 음식을 먹기 위해 노력하는 것은 비슷하니, 다른 것을 해보자고 했던 것 같다. 하지만 나는 별것도 아닌 '자격증'이라도, 무엇을 해냈다는 느낌을 받고 싶었는지 모른다.

다이빙을 하는 시간을 빼고는 비슷한 여행이었지만, 그것으로 인해 여행이 달라졌다.

- 한샘 님

6교시 : 투고와 계약

두드려야 열린다!

이번 시간의 키워드는
'투고'와 **'계약'**입니다.
출간 기획서를 작성하는 방법,
원고 투고 방법에 대해
알아보겠습니다.

멀고도 먼 산, 계약

책 쓰기에 있어 '계약'은 계약 전과 계약 후로 나뉠 만큼 중요합니다. 출간 계약 전에는 모든 작업들이 책을 쓰기 위한 준비 단계이자 연습이라고 할 수 있죠. 하지만 계약 후에는 마감시간이 정해져 있는 실전이 됩니다.

그렇다면 출판사와 계약서에 도장을 찍는 '계약'의 단계까지는 얼마나 시간이 걸릴까요? 저자마다 다르겠지만 제가 그동안 지켜봤을 때 평균적으로 5, 6개월 혹은 그 이상이 걸리기도 합니다. 너무 오래 걸리는 것 같죠? 원고를 이미 다 써놓고도 몇 년 동안 출판사와 계약을 못하는 경우도 많습니다. 반대로 이 기간은 얼마든지 줄어들기도 합니다. 그건 잠시 뒤에 이야기하기로 하죠.

이 때문에 예비 작가들은 '포기'의 유혹에 쉽게 넘어갑니다. 전업작가가 아닌 이상 보통 책을 쓰는 시간은 하루 일과가 끝난 후 저녁, 가족들이 모두 잠들고 난 조용한 밤이나 새벽입니다. 혼자 깨어 글을 쓰다 보면 이런 생각이 들 때가 있죠.

지금 쓰고 있는 글이, 내가 쓰고 있는 책이
과연 출간될 수 있을까?

출간되지 않는다면 지금까지의 노력이 모두 헛수고로 느껴지지 않을까요? 차라리 그 시간을 가족이나 친구들과 보냈다면 즐거운 시간과 추억은 남았겠죠. 저녁 약속을 줄이고, 가족과의 시간을 일부 포기했는데 아무것도 남는 게 없다면 그것만큼 허무한 일도 없을 겁니다. 그래서 중간에 포기하는 경우가 많습니다.

"차라리 누군가 저를 다그치고, 끝까지 포기하지 말라고 체크해 줬으면 좋겠습니다."

그런데 죄송하지만 이 부분만큼은 어렵습니다. 끝까지 쓰는 건 자신의 손으로 해야 합니다. 포기하지 마세요! 여러분의 책은 분명 출간될 수 있습니다.

계속해서 계약이 되지 않다 보면 빠른 길을 찾기도 합니다. 유혹하는 지름길은 세상에 참 많죠. 돈을 들여서 만드는 '자비출판', 더 많은 돈을 들이면 출간을 보장해 주는 '책 쓰기' 강의도 많습니다. 하지만 이런 방식은 추천하지 않습니다.

좁은 문을 통과하긴 어렵습니다. 정상으로 가는 길은 언제나 좁고 가파르죠. 아무리 힘들어도 정상적인 방법으로 진행하는 게 좋습니다. 여러분 인생의 첫 번째 책이라면 어렵더라도 제대로 된 경로를 통해 출간하는 게 더 의미 있지 않을까요?

💬 출간 계약을 위한 네 가지 방법

그럼, 여기서 계약에 좀 더 쉽게 다가갈 수 있는 네 가지 방법을 소개합니다.

첫째 '이름값 높이기'입니다. 한 분야에서 이름만 대면 알 수 있을 정도로 유명한 사람인데 아직 출간한 책이 없다면 그 유명세를 가지고 빠르게 계약을 진행할 수 있습니다. 그런데 먼저 유명해야 합니다. '유명'이라는 말이 거슬린다면 '전문가'라고 하죠. 단점은 전문가로 인정받기까지 시간이 너무 많이 걸린다는 겁니다.

두 번째 방법은 '인맥' 활용입니다. 친구에, 친척에, 페친까지 여러분이 알고 있는 인맥을 최대한 동원해 출판사를 소개받으세요. 그리고 그 인맥을 활용해 원고를 투고하는 겁니다. 조금 더 확실한 방법이죠. 다만 이때는 소개한 사람에게 피해를 주지 않도록 탄탄

한 출간 기획서가 준비되어 있어야 합니다(출간 기획서도, 매력적인 샘플 원고도 없다면 이 방법은 사용하지 않는 게 좋습니다. 뒤에서 더 자세히 설명하겠습니다).

이것도 어렵다면, 세 번째 방법이 있습니다. '브런치'와 같은 블로그에 글을 꾸준히 올려 여러분의 글을 노출시키세요. 글을 찾아 읽는 팬이 늘어나면 늘어날수록 책이 될 확률이 높아집니다.

실제로 브런치를 통해 책을 출간한 작가들이 많습니다. ≪스몰 스텝≫의 박요철 저자는 3년간 29개의 작은 실천, 스몰 스텝의 경험을 브런치에 글로 올렸고, 이 글은 브런치에서 큰 인기를 얻으며 바로 출간 제안을 받았습니다.

그런데 공개된 곳에 글을 쓰면 다른 이들이 베껴 쓸 수 있지 않을까요? 일부 내용이라도 공개되어 있다면 출판사에서 싫어하지 않을까요? 이에 대한 제 대답은 늘 같습니다.

그런 고민하지 말고 일단 쓰세요! 고민은 나중에 해도 됩니다. 정 고민이 된다면 본편에 들어갈 만한 중요한 부분은 좀 덜어내고 예고편에 해당하는 내용을 블로그에 올리면 됩니다.

이제 마지막 방법입니다. 오래 걸리지만 확실하고 전통적인 방법이죠. '원고 투고'입니다. 이때 필요한 건 제대로 된 '출간 기획서'와 '운'입니다. 초보 저자의 경우 책을 계약하기 위해 무수히 많은 출판사에 원고를 '투고'합니다. 그런데 여러분의 원고가 너무 완벽하더라도, 마침 원고를 투고한 출판사에서 비슷한 기획으로 출간 준비를 하고 있을 수도 있습니다. 한 해 출간되는 책이 모두 진행 중에 있어 6개월 안에는 다른 신간 출간을 못할 수도 있어요. 혹은 그날따라 업무가 너무 많아 편집자가 메일을 열어보지 못했을 수도 있습니다. 그래서 필요한 게 '운'입니다.

분명 여러분의 원고를 기다리는 출판사가 있습니다. 좋은 운이 작용할 '확률'을 높이기 위해서라도 더 치밀하게 출간 기획서를 쓰고 준비해야 합니다.

그럼, 출판사에 투고하는 방법을 조금 더 자세하게 알아볼까요?

💬 출판사에 투고하는 방법

첫 번째는 '출판사를 소개받는' 방법입니다. 이 방법은 가장 쉽고 확실하지만, 또한 가장 조심해야 합니다.

저의 경우 책을 출간할 때마다 주위 분들에게 책을 선물을 하곤 했습니다. 이에 대한 반응은 "오, 네가 책을 썼어~"가 가장 많았어요. 그런데 여기에는 두 가지 의미가 담겨 있더군요. 하나는 진심으로 축하하는 경우이고, 다른 하나는 상상에 맡깁니다. 저를 보고 '쟤도 책을 쓰는데 나도 한 번 써볼까?'라고 생각하는 사람들이 종종 있었습니다.

문제는 그들이 제게 출판사를 소개해 달라고 부탁할 때입니다. 가볍게 소개를 해달라는 것도 부담이 되는데, 더 큰 문제는 출판사에 소개할 만한 어떤 정보도 없을 때입니다. 어떤 책을 쓰겠다는 건지 제목도 없고 주제도 없습니다. 내용도 정해지지 않았고, 정리된 목차가 있는지 물어보면 그 중요한 걸 출판사에 넘겼다가 다른 작가라도 섭외하면 어떻게 하냐는 핀잔을 줍니다. 일단 자리만 주선해서 출판사 사람을 만나게 해주면 나머지는 알아서 하겠다고 합니다. 하지만 출판사에서 일하는 분들도 정말 바쁘기 때문에 이런 방법은 전혀 먹히지 않고, 서로 부담만 줍니다. '출판사를 소개' 받기 전에 소개받을 준비가 확실히 되어 있어야 합니다.

그런데 아무리 노력해도 출판사와 연이 닿지 않는다면 어떻게 해야 할까요? 어렵지만 전통적인 두 번째 방법으로 가야 합니다. 바로 '들이대기'입니다. 가진 것이 별로 없는 사람들, 즉 우리와 같은 사람들이 가장 잘 구사하는 방법이죠. 세상이 여러분을 위해 문을 활짝 열어줬던 적은 별로 없을 겁니다. 지금 이 책을 읽고 있는 여러분도 세상의 굳게 닫힌 문을 하나하나 자신의 힘으로 열어왔을 겁니다. 이번 역시 마찬가지입니다.

성경에 '두드려라. 그러면 열릴 것이다.'라는 유명한 구절이 있습니다. 맞습니다. '두드려야' 열립니다. 다른 이들이 문을 열어줄 때까지 기다리지 말고, 우리가 직접 출판사의 문을 두드려야 합니다.

가장 먼저 할 일은 책장에 꽂혀있는 책들을 보며, 내 책이 출간되었으면 하는 출판사를 찾아보는 겁니다. 성향·느낌·분야 등이 고려대상이 되겠죠. 몇 개의 출판사가 추려졌으면 책에서 이메일 주소를 확인합니다. 많은 출판사들이 '여러분의 소중한 원고를 기다립니다'라는 문구와 함께 이메일 주소를 써놓습니다. 책에 이메일 주소가 없더라도 대부분의 출판사는 홈페이지나 블로그를 통해 원고를 모집하고 있습니다. 그곳에 투고를 하면 됩니다. 페이스북에서 출판사를 찾아 메신저로 투고하는 것도 좋은 방법입니다. 이렇게 일차적으로 내 책에 어울리는 출판사를 찾아서 이메일 주소를 수집해 둡니다.

　그런데 원고 투고는 참 쉽지 않습니다. 거절당하고 나면 또 거절당할까 봐 주저하게 됩니다. 그래도 해야 합니다. 출판사의 거절에도 더 많은 출판사에 그들이 원하는 키워드와 관심을 가질 만한 문구를 바꾸어 가며 계속 투고해야 합니다. 책을 출판하는 것은 출판사에게도 결코 쉬운 일이 아닙니다. 많은 노력과 비용을 들여 한 권 한 권 책을 출판하는 것이니 쉽게 결정할 수 없습니다.

　단! 제발! 이때 당신이 쓰는 책의 주제와 관련이 있는 출판사의 리스트를 수집해야 합니다. 에세이를 출판하고 싶은데, 경제·경영 전문 출판사에 투고를 하면 보내는 사람이나 읽는 사람이나 모두 시간낭비입니다. 그 출판사에 대한 최소한의 예의도 없어 보입니다. 그러다 보니 어떤 출판사에서는 이렇게 이야기하더군요.

"저희는 출간 기획서 관련 메일은 열어보지 않아요."

슬픈 일입니다. 작은 출판사는 원고가 들어오지 않아서 걱정이고, 큰 출판사는 너무 많은 원고가 들어와 걱정입니다. 또 어떤 출판사는 내용을 확인하지도 않고 삭제한다고 합니다.

그렇다면 메일을 열어보고 확인한 후 회신까지 하게 만들려면 어떻게 해야 할까요?

일단은 '운'이라고 했던 말을 기억하기 바랍니다. 여러분이 원고를 보낸 그날 아침 해당 출판사의 담당자가 마침 휴가를 다녀온 직후라 정신이 없어 모든 투고 메일을 삭제해 버렸을 수도 있습니다. 원고를 슬쩍 보기는 했는데 너무 바빠 정성을 들여 읽을 시간이 없을 수도 있습니다. 공교롭게도 여러분과 같은 생각을 한 다른 저자가 불과 30분 전에 선수를 쳤기에, 여러분의 원고가 그다지 매력적으로 보이지 않을 수도 있습니다. 그래서 모든 일은 '운'입니다. 다만 좋은 운이 작동되도록 가만히 있지 말고 뭐라도 해야 합니다.

💬 언제 투고해야 할까?

그럼, 원고를 어느 정도 쓴 후에 출판사에 투고해야 할까요?

초보 저자 시절에는 무조건 '전부 다!'인 줄 알았습니다. 초고를 거의 완성해 출판사에 보냈죠. 이런 경우 원고가 거의 완성되어 있다 보니 출판사의 의사결정이 빠르다는 장점이 있습니다.

단점은 초고를 완성하는 데 시간이 오래 걸리고, 출판사에서 의견을 많이 줄 경우 수정이 번거롭다는 점이죠. 최악의 경우 원고를 전부 다시 써야 하는 경우도 있습니다.

그래서 지금은 3분의 1 정도만 쓰자고 이야기합니다. 전체 분량의 3분의 1 정도를 쓰다 보면 누구라도 지치고 힘이 빠집니다. '내가 이걸 왜 쓰고 있지?' '내 책이 과연 출판될 수 있을까?' 하는 불안감에 지치게 되죠. 이 시점에 투고를 하는 겁니다. 원고를 모두 완성한 후 투고를 하는 게 아니라 완성해 가면서 끊임없이 투고를 해보는 겁니다.

그렇다고 출판사에 다짜고짜 전화를 걸거나, 친구들에게 메일을 보내듯 '이것 좀 읽어봐 주세요'라고 부탁할 수는 없습니다. 어느 정도 양식이 갖추어져야 하는데요. 이런 양식을 '출간 기획서'라고 합니다. '출간 기획서'는 최대한 완성도를 높여서 보내야 합니다. 만약 투고를 했는데도 출판사의 반응이 없다면 출간 기획서를 다시 탄탄하게 만든 다음 투고해 보세요. 이때 메일 제목에는 원고에 대한 확실한 키워드를 넣는 게 좋습니다(일단 메일을 열게 만들어야 합니다).

준비가 완벽하고 운만 제대로 따른다면 바로 계약이 될 수도 있습니다. 실제로 '책 쓰는 토요일' 강의를 진행하는 동안 저도 놀라고 함께 했던 분들도 놀랄 정도로 투고 후 바로 출판사에서 연락을 받은 분도 계셨죠.

그러니 원고의 완성도를 높이고, 출간 기획서를 제대로 쓰는 데 집중하기 바랍니다. 출판사의 문은 반드시 열립니다.

남들은 다 알고 나만 모르는
출간 기획서 작성법

 출간 기획서에 반드시 들어가는 필수사항

출판사마다 요구하는 출간 기획서의 양식은 조금씩 다릅니다. 그러니 해당 출판사의 양식에 최대한 맞춰 보내는 게 좋습니다. 출판사에서 요구하는 것도 무시하고 제멋대로 보내는 출간 기획서는 버려지기 딱 좋습니다.

1) 제목
지금까지 우리가 함께 고민해 봤던 책의 제목을 적습니다. 아직 정하지 않았다면 지금부터라도 고민해야 합니다. 이때 이 책이 어떤 책인지 확실하게 알 수 있는 제목이어야 합니다. 지금의 시대적 상황을 반영하는 키워드가 들어간 제목이면 한 번 더 눈이 가게 됩니다. 물론 출간이 결정되면 출판사와 함께 논의하며 제목을 고민하기는 하지만 처음 제목이 강렬하면 출간의 기회는 그만큼 더 늘어나게 됩니다. 제목 짓기가 어렵다면 이렇게 해보세요.

우선 인터넷 서점에 들어가 최근 유행하는 책 제목들을 훑어보며, 마음에 드는 것들을 고릅니다. 그리고 살짝 여러분이 준비 중인 책의 주제에 맞게 제목을 바꿔보세요. 예를 들어 ≪하마터면 열심히 살 뻔했다≫란 책의 제목을 참고해 ≪하마터면 오늘도 같은 하루일 뻔했다≫로 바꾸어 보는 겁니다.

그리고 미국이나 일본의 아마존 사이트에 들어가 '하마터면'과 같은 키워드를 검색해 보세요. 국내보다 훨씬 다양한 책들이 많기 때문에 더 많은 제목을 찾을 수 있습니다.

2) 저자

당신이 누구인지에 대해 자세히 적어야 합니다. 나이 · 성별 · 학력 같은 기본적인 사항도 중요하지만, 그런 것보다 출판사에서 중요하게 보는 포인트가 있습니다.

첫째, 경력입니다. 이 책을 쓸 만한 충분한 경험이 있는 사람인지를 봅니다. 그래서 이 부분에는 책의 주제와 관련된 본인의 경력과 업적, 사회활동 등을 빠짐없이 구체적으로 적는 것이 좋습니다.

둘째, 마케팅 포인트입니다. SNS를 하고 있는지 블로그를 하고 있는지 등 책이 출간된 다음 마케팅을 도와줄 수 있는 포인트가 있다면 자세히 기록합니다. 이때 '책이 나오면 300권 주문할 예정임' '첫 인세를 포기하겠음' '회사 직원들이 내 책을 모두 사줄 예정' 이런 식으로 쓰지는 마세요. 최근 '책 쓰기' 강좌에서 이렇게 가르치고 있다고 하는데, 출판사가 봤을 때 전혀 매력적으로 보이지 않고 원고의 내용도 신뢰감을 얻기 힘듭니다. 차라리 지금 당장은 마케팅 포인트가 없더라도 투고하기 전까지 당신의 책을 홍보할 수 있는 카페에 가입해 열심히 활동하고, 블로그와 SNS 계정을 만들어 열심히 활동하겠다는 진정성 있는 '자기소개'가 더 중요합니다.

드물긴 하지만 어떤 사람은 자신이 누구인지 소개하지 않고 투고를 하기도 합니다. 필력으로만 승부하겠다는 이야기인지? 건투를 빕니다. 실제 책을 출간할 때 필명·가명으로 출간하는 경우가 있기는 하지만, 적어도 출간 기획서에서는 출판사와 여러분이 숨고 숨기는 관계일 필요는 없습니다. 한 권의 책을 함께 내는 파트너이기 때문에 여러분이 누구인지 정확히 알려줘야 합니다.

3) 집필 동기는 무엇인가?

아주 중요한 질문입니다. 이 책을 쓰는 이유가 무엇인지 출판사에 알려주는 겁니다. 지난 시간 '머리말'을 쓸 때 이 부분에 대해 충분히 고민했습니다. 그 내용을 참조해 작성하면 됩니다.

설마 집필 동기에 '모든 사람에게 인정받고 싶어서' '이 책으로 많은 돈을 벌기 위해서' 이런 식으로 쓰지는 않겠죠?

4) 어떤 분야의 책인가?

장르를 말합니다. 경제·경영, 자기계발, 에세이 등 분야를 명확하게 적어야 합니다. 이미 주제를 잡았고 글을 꾸준히 쓰고 있으니 이 부분은 어렵지 않을 것입니다.

5) 이 원고의 장점, 차별점

장점과 차별점, 중요하면서도 가장 어려운 부분입니다. 여러분의 원고가 그동안 출간된 기존의 책(유사도서)들과 비교해 어떤 차별점을 가지고 있는지 적어야 합니다. 이 부분은 책이 출간될 때까지 계속해야 할 질문이며, 찾아야 할 답입니다.

비슷한 내용의 책들이 워낙 많으므로 여러분의 원고는 다른 저자의 책과 무엇이 다른지를 이야기해야 합니다. '경험'이 다를 수도 있고, '가장 직접적인 사례'를 담았다고 이야기할 수도 있습니다. 이때 원고가 속한 분야의 '베스트셀러'와 비교해 나만의 장점과 차별점을 어필하는 것이 중요합니다.

6) 목차

목차는 반드시 적어야 합니다. 아직 완성되지 않은 목차여도 괜찮습니다. 출판사는 여러분의 원고가 어떻게 구성되어 있는지, 어떤 흐름을 가졌는지 알아야 합니다. 그래야 어느 부분이 좋고, 어디를 고치고, 어디를 살려야 하는지 판단할 수 있습니다. 본격적으로 책을 쓰기 전 목차를 잡아야 하는 이유가 여기에 있습니다.

7) 원고 요약

여러분의 책을 요약해서 어떤 내용을 담고 있는지 깔끔하게 적으면 됩니다. 출판사에서는 투고자의 원고를 하나하나 자세히 읽어볼 시간이 없습니다. 따라서 이 부분에서 여러분의 글을 최대한 압축해 잘 정리해 보여줘야 합니다. 분량은 출판사에서 요구하는 대로 맞추는데 보통은 A4 반 장 정도면 적당합니다.

8) 샘플 원고

원고를 투고할 때 샘플 원고가 필요 없다는 사람도 있지만 최소한 다섯 장 이상의 샘플 원고를 출간 기획서와 함께 보내길 권합니다. 두 가지 이유가 있는데, 하나는 작가의 필력을 알기 위함이고(잘 쓰는지의 여부가 아니라 글의 스타일), 두 번째는 출간 기획서만 있는 게 아니라 이미 원고를 작성하고 있다는, 성실성과 능력을 보여주기 위함입니다. 전체 원고를 보낼 필요까지는 없고, 가장 매력적인 부분을 뽑아서 보내면 됩니다. 핵심은 여러분의 샘플 원고를 읽고 출판사에서 나머지가 궁금하여 연락이 오게 하는 데 있습니다.

* * *

책을 쓰는 건 정말 소중한 일입니다. 내 책이 출간되어 서점에 깔린 광경과 그 책을 읽는 사람들의 모습은 생각만 해도 흐뭇합니다.

하지만 '출판'은 비즈니스라는 사실을 잊지 말아야 합니다. 하루에도 수백 권의 책이 출간되고 수많은 책이 반품창고로 사라집니다. 한 권의 책을 만들기 위해서는 저자의 노력뿐 아니라 출판사의 '수고'와 '돈'이 들어간다는 사실을 기억해야 합니다.

그러니 책을 쓰는 건 가슴으로 하더라도 책이 출간된 후 향후 마케팅은 철저하게 차가운 머리로 해야 합니다. 출판사가 돈을 들여 여러분의 책을 만들어야 하는 이유를 제공해야 합니다.

'원고를 투고했다.
이제 어떤 일이 벌어질까?'

원고 투고, 그 이후의 일들

　원고 투고는 보통 출판사의 이메일이나 게시판을 통해 진행됩니다. 그런데 아무리 좋은 원고와 출간 기획서가 있더라도 읽어볼지 말지도 모르는 메일과 게시판에서 자신의 책을 설명하는 건 참 어려운 일입니다. 정말 운이 좋은 경우 투고를 하자마자 출판사에서 연락이 와 계약이 성사되기도 합니다. 하지만 그런 일은 정말 흔치 않습니다. 그러니 투고와 함께 미리 거절에 대처하는 마음가짐을 준비해야 합니다. 그래야 상처를 덜 받습니다.

　출판사에 투고를 한 날부터 가슴이 두근거리기 시작합니다. 과연 출판사에서 연락이 올까? 문자가 올까? 아니면 메일로 회신이 올까? 하루에도 수십 번씩 게시판에 들어가 담당자가 읽었는지 확인하게 됩니다. 스마트폰에 낯선 번호가 뜨면 혹시라도 출판사일까 아닐까, 때로는 스팸인 줄 알면서도 혹시나 하여 받게 됩니다.

그렇게 기다린 지 얼마만인가요? 드디어 메일이 왔습니다.

[RE] '출간 문의'에 대한 회신

[RE] [원고 투고] 〈책 쓰는 토요일〉 15권 이상 출간한 저자의 책 쓰기 강의노트

윤▓▓▓▓▓▓▓▓▓▓▓
나에게 ▾

안녕하세요, ▓▓▓▓▓입니다.
보내주신 원고투고 메일을 확인했습니다.
저희 출판사에 관심을 가져주셔서 진심으로 감사 드립니다. ^^
보내주신 원고는 편집팀에서 검토하실 수 있도록 전달 드렸습니다.
확인하시는 데 약 2~3주 정도 소요될 수 있으니 조금만 기다려주세요. ^^

출판사의 회신 메일은 대부분 이렇게 옵니다. 그러니 조금만 설레는 것이 좋습니다. 이렇게 회신이라도 보내주는 출판사는 드뭅니다. 대부분의 출판사들은 회신을 주지 않습니다.

이때 메일에서 가장 눈여겨봐야 하는 건 기간입니다. 2~3주. 왜 2주나 걸릴까요? 이유는 대략 이렇습니다. 출판사의 담당자는 투고자의 출간 기획서가 마음에 든 경우, 매주 열리는 기획회의 때 투고 원고가 어떤 내용인지, 작가는 누구인지를 정리해 들어갑니

다. 바로 이 '정리'를 도와주기 위해서라도 '출간 기획서'를 잘 써야 합니다. 잘 쓴 출간 기획서는 담당자의 정리를 편하게 도와줍니다. 그러니 한 번 더 관심을 가질 확률이 높습니다. 그런데 만약 그 주의 회의시간에 투고 원고에 대해 이야기를 나누지 못했다면 다음주 회의 때 가지고 들어가게 됩니다.

이런 이유에서 최소 2주 정도는 회신을 기다릴 필요가 있습니다.

 출판사의 메일을 너무 기대하지 말자

출판사에서 메일로 회신이 오는 경우 내용은 대부분 다음 세 가지 중 하나입니다.

1) 완곡한 거절
2) 궁금한 내용의 확인 : 저자가 누구인지 더 자세하게 알고 싶다, 혹은 출간 기획서와 관련된 내용 중 이 부분이 궁금하다 등
3) 샘플 원고의 추가요청 : 첨부한 샘플 원고 외에 원고가 더 있다면 받아보고 싶다

안녕하세요?

███████████ 편집부입니다.

보내주신 원고를 꼼꼼히 살펴보았으나
저희 출판사에서 출간하는 방향과 맞지 않다는 결론이 나왔습니다.

보내주신 원고는 모두 기밀로 처리하며 폐기합니다.

저희 출판사에 관심 주셔서 대단히 감사드립니다.

앞으로 더 좋은 책으로 찾아뵙겠습니다.
감사합니다.

편집부 드림

    2주 정도 지난 후 받는 메일은 대부분 거절의 메시지입니다. 앞에서 거절에 대처하는 마음가짐이 필요하다고 했죠. 출판사의 회신은 대기업의 입사 지원서에 대한 회신 시스템과도 비슷합니다.

    그러니 거절 메일을 받았더라도 너무 가슴 아파 하지 마세요. 내 원고가 왜 출판사에서 마음에 들지 않았을까를 분석하며 다시 마음을 가다듬고, 원고를 계속 써나가면서, 출간 기획서를 보완해 다른 출판사에 다시 투고하면 됩니다. 더 많은 출판사에 더욱 완벽에 가까운 출간 기획서와 샘플 원고를 투고하는 것밖에는 달리 방법이 없습니다.

    간혹 출판사에서 출간 기획서를 보고 전반적으로 관심이 가서 그중 더 자세히 알고 싶은 부분과 추가 샘플 원고를 요청하는 메일을 보내기도 합니다.

그런데 거절이 아닌 경우, 즉 원고가 마음에 드는 경우는 출판사에서 전화를 합니다. 그러니 모르는 낯선 번호로 연락이 오면 일단 받아야 합니다. 출판사가 전화한 이유는 간단합니다. 다른 출판사에 뺏기기 싫어서죠. 여기에 더해 '미팅 날짜'를 잡기 위함입니다. 그러니 전화가 오면 이렇게 생각하세요.

'올 게 왔구나!'

출판사가 시간을 내어 투고자와 만나겠다는 건 90% 정도로 계약을 하겠다는 신호입니다.

미팅 자리에서 밝고 좋은 인상을 줄 필요가 있습니다. 그렇다고 너무 떨 필요는 없습니다. 출판사에서 먼저 연락을 해왔으니 동등한 만남입니다. 만나서 솔직하고 당당하게 여러분의 의견을 이야기하면 됩니다.

출판사와의 만남

출판사에서 미팅을 요청하는 경우는 대략 다음을 확인하기 위함입니다.

첫째, 출판사는 투고자를 직접 보고 '확신'을 얻기 위해 미팅을 요청합니다. 책을 쓸 능력이 있는지, 경험이 많은지, 혹시라도 사기꾼은 아닌지 궁금하기 때문이죠. 그건 여러분도 마찬가지입니다. 출판사가 믿을 만한지, 내 책을 잘 만들어줄 수 있는 곳인지 판단해야 합니다.

둘째, 출간 날짜를 협의하기 위함입니다. 대략 원고가 어느 정도 진행되었는지, 언제까지 초고가 끝나는지, 언제쯤 출간을 원하는지 등 서로 의견을 나누기 위함입니다.

셋째, '인세' 등 출판조건에 대해 협의를 합니다. 사실 많은 사람들이 궁금해 하는 게 '인세'인데, 기대만큼 높지는 않습니다. 기성 작가의 경우 인세는 대부분 책 정가의 10%이고, 처음 시작하는 작가라면 보통 6~8%를 제시합니다. 너무 적은가요? 그런데 책 한 권 값에서 각 서점에 할인이 적용되어 들어가고, 책을 만들기 위한 비용이 들어가고, 마케팅에 쏟는 금액을 계산해 보면 1쇄의 경우 작가와 출판사가 비슷하게 돈을 가져가거나 출판사가 더 손해를 보는 구조입니다. 인세를 많이 받으면 좋겠지만 그렇지 못하더라도 너무 신경 쓸 필요는 없습니다. 여러분의 이야기를 담은 첫 책이 출간되는 게 더 중요하죠.

넷째, 계약 관련 내용의 확인입니다. 만나는 자리에서 당장 계약서를 준비해 사인하는 경우는 별로 없습니다. 첫 미팅 때 전반적인 계약조건에 대해 의견을 나누고, 그 내용을 반영해 계약서를 메일로 보내주고 검토를 요청합니다. 계약서의 내용은 꼼꼼히 읽어보고 궁금한 점은 체크해야 합니다. 출판권의 존속기간이나 범위 등에 관해 애매하게 적혀 있는 경우도 더러 있으니 충분히 확인하는 게 좋습니다. 계약서 문제로 출판사와 얼굴을 붉히는 경우가 종종 있는데, 대부분 사소한 이유가 감정적인 문제로 번지는 경우입니다.

다섯 번째, 담당 편집자와의 인사 자리입니다. 당신의 파트너가 되어줄 편집자를 소개받는 자리이니 출판과 관련해 궁금한 것들에 관해 솔직하게 물어보고 이야기를 나누면 됩니다.

며칠 뒤 계약서에 사인을 한 후에는 본격적으로 글을 쓰는 '탈고'가 시작됩니다.

'책 쓰는 토요일',
즐거운 여행이 되기를!

출간 기획서를 써보자

출판사마다 원하는 출간 기획서의 내용은 조금씩 다릅니다. 그래도 꼭 들어가는 핵심내용은 다르지 않습니다.

다음은 저의 책《워라벨의 시대, 하루 3분 시간관리》의 출간 기획서입니다. 참고하기 바랍니다.

원고를 정확히 이해하기 위한 자료

가제목 : 워라밸의 시대, 하루 3분 시간관리

이 자료는 도서의 출간 가부 판단, 컨셉 결정, 편집 방향, 홍보계획 등을 설정하는데 중요한 자료가
됩니다. 정확하게 작성하여 주시기 바랍니다.
보내주실 메일은 *********@gmail.com 입니다.

1. 기본 사항

① 원고명(가제목)		워라밸의 시대, 하루 3분 시간관리		
② 저자 (역자)	성 명	이임복	연 령	
	회 사	세컨드브레인연구소	직 책	대표
	연락처		E-mail	
③ 분야		경영, 자기개발		
④ 예상분량(A4 기준)		120		

2. 도서의 집필 동기

워라밸의 시대, 주 52시간 근무제의 시대를 맞아 많은 변화가 일어나고 있습니다. 개인들은 짧은
근무시간 동안 더 많은 생산성을 올려야 하고, 퇴근 후 더 많은 시간이 주어지면서 어떻게 살아야
할지를 더 많이 고민하게 됐습니다.
많은 사람들이 가장 필요로 하는 건 제대로 된 '시간관리'입니다. 워크 앤 라이프 밸런스가 아닌
인생 전반에 걸친 균형을 어떻게 유지해야 하는지, 가장 쉬운 실행 중심의 시간관리를 전하려 합
니다.

3. 원고의 주요 내용을 요약해 주십시오.

워라밸의 시대, 시간관리는.
1) 워크 앤 라이프 밸런스의 의미와 주 52시간 근무제 시대에 일하는 방식이 어떻게 변했는지 이
야기합니다.
2) 내 시간관리가 제대로 되지 않는 이유를 파악하며, 시간도둑이 무엇인지 확인합니다.
3) 야근을 거절하는 일, 몰입을 도울 수 있는 다양한 도구들에 대해 다룹니다.
4) 후반부에는 3년계획, 주간계획, 하루계획을 직접 설계해 볼 수 있도록 하며, 스마트한 시대에
맞춰 구글 캘린더와 할일관리 앱을 활용하는 방법을 담았습니다.

4. 저자가 보는 유사도서 / 가격과 공통점 차이점

《독일 사람들의 시간관리》
시간관리를 제대로 설계하는 방법을 간단하게 다룬 것이 비슷합니다. 다만 이 책은 독일 사람이
쓴 책이라 시간관리의 이론에 대해서는 잘 나와 있으나 우리나라에 현실적으로 적용하기에는 어려
운 점이 있습니다. 《하루 3분 시간관리》는 바로 활용할 수 있는 부분을 적용했습니다.

≪성공하는 시간관리와 인생관리를 위한 10가지 자연법칙≫
시간관리의 고전입니다. 시간보다 더 중요한 것은 인생이라는데 초점이 맞춰져 있으며, 워라밸에서 강조하는 라이프 밸런스가 더 중요하다는 것이 비슷합니다. 다만 이 책 역시 출간된 지 오래되었다는 게 단점입니다. ≪하루 3분 시간관리≫는 좀 더 친근한 우리 주위의 사례와 실습을 담았습니다.

5. 유사도서와 비교했을 때 이 책의 장점

지난 7년간 기업에서 시간관리에 대해 강의를 하며 쌓인 노하우를 바탕으로 합니다. 시간관리 책은 대부분 번역서이며, 국내 저자가 출간한 책은 거의 없습니다.
이 책의 가장 큰 장점은 국내 많은 직장인들과 일반인들이 공감할 수 있는 내용을 담았다는데 있습니다. 아울러 뜬구름 잡는 이야기가 아닌 직접 경험하며 실천하고 있는 내용을 바탕으로 하고 있다는 게 다릅니다.

6. 예상독자층

우선적으로 20~40대 직장인이 대상입니다. 특히 30대 이상의 직장인 중에서 너무 많은 일에 지쳐 일과 생활의 균형을 잡지 못하는 사람들, 업무의 우선순위를 결정하지 못하는 사람들이 대상입니다.

7. 이 책을 한마디로 홍보한다면 어떤 것이 되겠습니까?(슬로건)

오늘부터 바로 써먹을 수 있는 시간관리 기술

8. 도서로 출간될 경우 어떻게 홍보할 수 있겠습니까?

1) 현재 운영중인 '브런치' 구독자 3,000명, 페이스북 2,500명, 세컨드브레인연구소 플러스 친구 1,200명에게 우선적으로 글과 메일을 통해 출간소식을 전할 예정입니다.
2) 교육담당자 DB를 통해 신간이 나온 것을 알려 기업교육과 연계되게 할 예정입니다.
3) 이러닝 과정을 만들어 책과 강의가 함께 판매될 수 있도록 추진합니다.
4) 매달 시간관리 강의를 열어 지속적으로 홍보가 이어질 수 있도록 할 예정입니다.

9. 출간과 관련하여 출판사에 특별히 요청하실 사항은 무엇입니까?

〈시간관리〉라는 주제가 꼭 필요하지만 사람들에게 식상할 수 있습니다. 그래서 사람들이 좀 편하게 접근했으면 하는데, 표지 디자인에 일러스트가 들어갔으면 합니다.

10. 저자 프로필

세컨드브레인 연구소 대표
인터렉티브북스 대표
디지털히어로즈 팟캐스트 운영자

11. 제목안(가급적 여러 가지를 적어 주시기 바랍니다)

하루 3분 시간관리
워라밸 시대 시간관리
시간관리와 인생관리
시간관리 지금 바로 시작하라.
성공적인 시간관리를 위한 10가지 법칙

7교시 : 탈고와 편집

독자의 생각을 읽어라!

이번 시간의 키워드는
'탈고'와 **'편집'**입니다.
탈고 작업은 초고 때와
어떻게 다른지,
편집 작업시 **저자의 역할**은
무엇인지 알아봅니다.

원고를 완성하는 작업, '탈고'

💬 원고의 납기

탈고는 지금 쓰고 있는 초고의 완성본을 말합니다. 그럼, 원고는
언제까지 써야 할까요? 출판사와의 계약서에는 다음과 같은 조항
이 있습니다.

제4조 (원고 인도기일) **'저작권자'는   년   월   일**(또는 계약일로부터 3개월 이내)**까지 이
책의 완전한 원고**(원고·사진 등을 포함)**를 '출판권자'에게 인도해야 한다.**

이렇게 계약서에 명시된 날까지는 아무리 바빠도 원고를 완성해 넘겨야 합니다. 초고가 완성된 후 탈고까지 걸리는 시간은 보통 1~2개월 정도 잡습니다. 그래서 계약서에는 약간 여유있게 계약일로부터 보통 3개월 이내로 기재합니다. 물론 이 시간은 줄이거나 늘릴 수 있습니다. 계약 전에 써놨던 초고의 양이 상당히 많거나 완성도가 높다면 그만큼 시간은 단축되겠지요. 반대로 전혀 써놓은 것 없이 출간 기획서만으로 계약이 되었다면 전체 원고를 새로 써야 하기 때문에 시간은 오래 걸릴 수밖에 없습니다.

그렇다면 원고 제출기한을 넘기면 어떻게 될까요? 출간 계약은 파기될까요? 원칙적으로는 그렇게 될 수 있지만 일반적으로 그렇지 않습니다. 저자가 직장인인데 회사 프로젝트가 생기는 등 피치 못할 사정이 있는 경우 원고는 늦어질 수 있습니다. 이 경우 편집자와 협의하여 출간 일정을 재조정하면 됩니다. 다만 이렇게 늦어진 원고는 당연히 출간일도 늦어지게 됩니다. 출판사도 여러 권의 책을 일정에 맞춰 진행하다 보니 계약한 각각의 책들에 대해 대략적인 출간 일자와 마케팅 계획 등을 세웁니다. 그러니 하나의 원고가 늦어지게 되면 출판사의 모든 일정이 꼬이게 된다는 점을 기억하세요. 약속한 날짜를 지켜 서로 약속한 시점에 책이 출간되도록 하는 게 가장 좋습니다.

가장 많은 신경을 써야 하는 건 '맞춤법'과 같은 디테일보다는 '내용의 충실함'입니다. 맞춤법이나 문장의 완성은 '편집' 단계에서 몇 번이고 수정이 가능하니 안심해도 됩니다.

탈고 단계에서는 초고에서 풀어낸 대략적인 내용을 바탕으로, 거기에 충실한 근거를 뒷받침하여 완성해야 합니다. 이 과정에서도 자료 수집은 필수죠.

내용의 충실함을 어느 정도 채웠다면 이제 '독자'의 시각을 더해야 합니다. 초고까지는 내가 이야기하고 싶은 대로 썼다면 퇴고 단계에서는 독자들이 어떻게 받아들일지, 그들이 원하는 걸 줄 수 있을지에 대해 생각해 봐야 합니다. '나라면 이 책을 서점에서 돈 주고 살 것인가?'에 대해 끊임없이 고민하는 거죠. 쉽지 않은 일입니다.

객관성을 얻기 위해 지금까지 쓴 원고를 주변 친한 사람에게 보여주고 의견을 달라고 하기도 합니다. 그런데 사람마다 다르겠지만, 저는 이 방법을 별로 추천하지 않습니다. 원고를 보여주면 보통 기대하는 건 '칭찬'입니다. 사람이니까 어쩔 수 없죠.

"와. 정말 대단하다. 잘 썼는데?" 이런 칭찬을 기대하는데, 보통의 경우 원고를 건네받은 사람들은 '세밀한 컨설턴트'의 눈으로 달려듭니다. 믿고 원고를 보여주는 만큼 '정말 도움이 되었으면 좋겠다'라는 생각으로 조언을 아끼지 않습니다.

"이 부분은 이해가 잘 안 되는데?"

"맞춤법이 많이 틀렸잖아!"

"다른 책과 너무 비슷해."

이 정도면 점잖은 경우지만, 너무 솔직하고 신랄한 반응에 상처를 입게 되면 돌이킬 수 없는 상황까지 갈 수 있습니다. 멘탈 관리가 안 되는 순간, 원고를 포기하게 되죠.

그러니 상처를 받는 것은 편집자에게 피드백을 받는 편집 단계면 충분합니다. 주변 사람들에게는 보여주지 마세요.

💬 끊임없이 질문을 던지자

이렇게 해보세요. 탈고하기 전에 각각의 챕터마다 종이 한 장을 옆에 놓고 이번 챕터에서 하고자 하는 말들을 생각나는 대로 적습니다. 하고 싶은 말이 바닥날 때까지 쓰세요. 원고에 담겨 있는 내용뿐 아니라 그동안 경험했던 다른 일이 떠오르며 새로운 종이를 채우게 될 겁니다.

하나 더 해보죠. 이번에도 역시 종이를 꺼낸 후 물음표를 적으세요. 그리고 지금 쓰고자 하는 챕터에서 '사람들이 무엇을 궁금해할까?' '여기서 어떤 걸 얻을 수 있을까?' 질문을 던집니다. 어떤

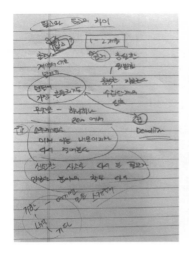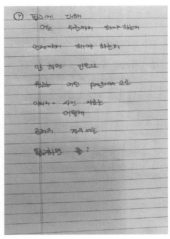

질문이든 상관없습니다. 적다 보면 새로운 것들, 놓쳤던 것들을 발견하게 되죠. 저 역시 이렇게 하고 있고, 그 덕분에 지금 읽고 있는 '탈고' 부분에서 조금 더 자세한 내용을 전할 수 있게 됐습니다.

이건 초보 저자뿐 아니라 글쓰는 모든 이들에게 해당되는 이야기입니다.

💬 원고 작성은 '한글' 파일로, 사진 자료는 별도로

앞에서도 한 번 이야기했었는데, 원고 작성은 가급적 한글(HWP) 파일로 하는 게 좋습니다. 초고 단계에서는 저자가 가장 편한 방법으로 썼더라도 탈고 단계에서는 출판사에서 작업하는 방식으로 하는 게 가장 효과적입니다.

　이미지나 사진 파일 역시 빠트리지 않고 체크해야 합니다. 이때 한글 문서에서 해당 위치에 이미지 파일을 넣었더라도 별도로 파일명을 달아서 이미지 파일로 첨부해야 합니다. 당연히 해상도는 높을수록 좋습니다. 실제 책을 디자인할 때 낮은 해상도의 사진은 품질이 떨어져 사용하지 못할 수도 있습니다.

 탈고는 덜어내는 과정이다

　마지막으로 제일 중요한 걸 이야기하겠습니다.

　탈고 과정에서는 내용을 보완하는 것도 중요하지만 불필요한 부분을 덜어내는 것이 더 중요합니다. 초고 과정에서는 무작정 원고를 채우기 위해 쓰는 데 집중하다 보니, 그동안 보이지 않던 것들이 퇴고 단계에서 눈에 띕니다. 이때 굳이 넣지 않아도 될 만한 단락, 엉성한 묘사, 자신 없는 부분은 과감히 덜어내세요. 불필요한 부분은 없애고, 꼭 필요한 내용으로 채우는 게 완성도를 높이는 길입니다.

퇴고를 위한 최소한의 글쓰기 팁

　탈고 이후에도 출판사와 계속 원고(교정지)를 주고받게 됩니다. 이때 부족했던 부분과 편집자의 의견을 반영하여 글의 완성도를 높이게 되죠. 퇴고 작업은 많이 하면 할수록 좋습니다. 제 경우 거의 열 번 정도는 넘기는 것 같습니다. 작가가 그 정도니 편집자는 어떻겠습니까!

　탈고를 위한 가장 쉬운 방법 하나를 알려드릴게요.

'서서 소리내어 읽는다.'

　쉽죠? 서서, 소리내어, 읽습니다. 이 방법 하나로 글에서 어색한 부분들을 쉽게 잡아낼 수 있습니다. 눈으로 원고를 읽을 때와는 달리 입 밖으로 소리를 내어 읽게 되면 왠지 어색한 부분이 있습니다. 마치 머리카락이 목에 걸린 것과 같이 불편하죠. 그 부분을 고치면 됩니다.

마지막 퇴고 과정에서는 다음 세 가지를 기억하기 바랍니다.

💬 짧게 쓴다

문장이 너무 길지 않게, 짧게 줄입니다. 예를 들어 지금 읽고 있는 '서서 소리내어 읽는다' 부분은 처음에 이렇게 썼습니다 .

이 방법 하나로 여러분이 쓴 글을 읽을 때 어색한 부분들을 상당히 많이 잡아낼 수 있습니다. 왜 그럴까요? 머릿속으로 생각하면서 눈으로 따라가며 원고를 쓸 때와 다르게 입 밖으로 소리내어 읽게 되면 읽다가 왠지 머리카락이 목에 걸린 것처럼 잘 읽히지 않는 부분이 있습니다. 바로 이 부분을 읽기 쉽게 고치면 됩니다.

문장이 너무 길죠? 고쳐보겠습니다.

이 방법 하나로 글에서 어색한 부분들을 쉽게 잡아낼 수 있습니다. 눈으로 원고를 읽을 때와는 달리 입 밖으로 소리 내어 읽게 되면 왠지 어색한 부분이 있습니다. 마치 머리카락이 목에 걸린 것과 같이 불편하죠. 그 부분을 고치면 됩니다.

조금 나아졌죠? 긴 문장을 짧게 끊어서 쓰면 문장이 깔끔하고 간결해집니다.

자신있게 쓴다

내가 확실하게 알고 있는 사실에 대해 글을 쓰면 글에 힘이 생깁니다. 예를 들어 '그 옛날 언젠가'라고 쓰는 것보다 '1980년 2월 29일의 일이다.' 이렇게 확실하게 쓰는 게 좋습니다.

'싸이의 성공에는 유튜브가 있었다'고 한다.

이 표현은 뭐가 문제일까요? 왠지 자신이 없어 보입니다. 확실한 사실이라면 '싸이의 성공에는 유튜브가 있다'라고 자신있게 쓰는 게 좋습니다.

💬 괜한 반복은 하지 않는다

다음 문장은 어떻게 고치면 될까요?

엄청나게 화가 난 그는 그녀에게 불같이 화를 냈다.
→ 그는 그녀에게 불같이 화를 냈다.

요즘은 예전과 다르게 쉽게 지칩니다. 나이가 들었나 봐요.
→ 예전과 다르게 쉽게 지칩니다. 나이가 들었나 봐요.

이처럼 굳이 부연설명이 필요 없으면 단어를 반복하지 말고, '요즘은'과 같이 불필요한 시점은 빼도 문장이 완성됩니다.

글은 경제적으로 쓰는 것이 좋습니다. 경제적이란 말은 불필요한 걸 뺀다는 뜻입니다.

'문장은 줄인다.'

이것 하나만 기억해도 간결하고 힘있는 글을 쓸 수 있습니다.

책이 완성되는 '편집' 단계

원고를 무사히 마무리하고, 편집자에게 전달했다면 이제 편집의 시간이 시작됩니다. 그런데 주의할 점이 하나 있습니다. 편집자와 절대로 싸우지 마세요. 의외죠? 아이도 아니고 싸운다니…. 그런데 실제로 편집 과정에서 마음 상하는 일이 의외로 자주 발생합니다.

여러분이 밤을 새우며 썼던 원고는 편집자의 손에서 난도질(?) 되어 돌아올 확률이 높습니다. 초보 저자라면 더 심하죠. 난도질까지는 아니더라도 원고의 중간중간에 달린 의견('비약이 심한 것 같습니다' '사례를 좀 더 넣어 주세요' '문장에 힘이 없습니다' 등등)과 빨간색 글씨(삭제, 다음 챕터로 이동 등)를 보면 화가 납니다. 고백하자면 사실 제가 그랬습니다!

'기껏 고생해서 원고를 보냈는데 이걸 다 고치라고? 도대체 내용을 읽어보기는 한 거야?'

너무 화가 나서 편집자와 여러 번 전화와 메일을 주고받은 적도 있습니다. 겨우 원고를 다 썼다고 좋아했는데, 처음부터 다시 검토해 보자거나 목차를 다시 짜는 게 좋겠다면 누구라도 화가 나지 않을까요?

하지만 나중에 다시 생각해 보니 정말 민망했습니다. 편집자는 책을 만드는 기술자이자 전문가입니다. 작가가 쓰고 싶은 대로 글을 쓴다면, 편집자는 글을 잘 정리해 멋진 책으로 만들어 내놓는 사람입니다.

그러니 편집 과정에서 제시하는 많은 의견에 고마워해야 합니다. 많은 의견을 낸다는 건 그만큼 애정이 많다는 뜻이기도 하니까요. 가장 두려운 건 저자가 보낸 원고를 아무 의견 없이 그대로 책으로 만드는 것입니다. 어떤 실수도, 반복도, 비약도 잡아내지 못한다고 생각하면 무섭기까지 합니다.

출판사도 하나의 회사라는 걸 잊지 마세요. 여러분은 의무적으로 출퇴근하며 기계적으로 원고를 다루는 편집자와 일하고 싶나요? 아니면 자기 책처럼 꼼꼼하게 살펴보고 열정적인 의견을 주는 분과 일하기를 원하나요? 당연히 후자일 겁니다.

그래서 저는 "출간된 모든 책은 저자와 편집자의 합작품이며 공저다!"라고 자신 있게 말합니다. 화려한 스포트라이트가 저자에게 집중되지만, 한 권의 책이 만들어지는 데는 70% 이상 편집자의 노력이 들어갑니다. 그러니 우리들은 첫 번째 독자인 '편집자'를 만족시켜야 합니다. 첫 번째 독자도 만족시키지 못하면서 불특정 다수의 독자를 만족시키기란 더욱 어렵습니다.

이 과정에서는 전체적인 원고의 검토, 목차의 재조정은 물론 '추가 원고'를 작성하는 일도 이어집니다. 원고를 보내고, 편집자가 교정을 본 후 의견을 적어서 교정지를 보내오고, 다시 또 수정사항을 보내고, 심할 때는 열 번 이상 원고가 오가기도 합니다. 여러분이 보낸 한글파일을 잘 정리해 진짜 책의 조판처럼 디자인하는 작업도 이때 이루어지죠.

레이아웃이 된 교정지가 나오면 예전에는 저자들이 직접 출판사에 가서 출력된 상태로 읽어보면서 수기로 고치기도 하고, 출판사에서 출력한 원고를 퀵으로 보내주기도 했습니다. 요즘에는 PDF로 받아 출력해 보거나 노트북 화면으로 교정을 보며 내용에 주석을 달거나, 아이패드와 같이 펜 달린 태블릿으로 직접 원고에 수정사항을 써서 보내기도 합니다. 편리해졌죠.

편집 단계에서는 교정·교열, 수정작업과 동시에 제목, 부제와 카피 등 책의 핵심내용을 결정합니다. 이때 당연히 '책 제목'이 가장 중요합니다. 보통 책을 마무리할 때 제목을 정하는 게 대부분이지만 저자가 미리 생각해 둔 멋진 제목이 있다면 그처럼 좋은 일도 없습니다(≪책 쓰는 토요일≫이 그랬죠).

책 제목은 최대한 신중에 신중을 기해 제대로 만들어야 합니다. 그래서 편집자와 끊임없이 브레인스토밍을 통해 최선의 제목을 선택해야 하죠. 차선으로는 요즘 잘 나가는 책의 제목을 참고하여 비슷하게 짓기도 합니다. 이 부분은 앞에서도 다룬 내용입니다.

평소에 최대한 많은 제목과 키워드를 메모해 두세요. 그래야 마음에 흡족한 책 제목이 탄생할 확률이 높습니다.

마지막으로 책의 표지가 결정됩니다. 이때 너무 많은 표지 디자인을 요구하지 마세요. 표지 디자이너 역시 이 분야의 전문가입니다. 그들은 수많은 디자인 작업을 통해 그중 제일 괜찮은 2~3개의 시안을 보내줍니다. 이때 엄청나게 멋진 표지를 기대했는데 실망하게 될 수도 있습니다. 전혀 마음이 가지 않는 표지가 결정되면 나의 책에 대한 애정이 확 줄어듭니다. 아무리 봐도 내 책 같지 않다면 그보다 괴로운 일도 없을 겁니다. 자신의 의견이 반영되길 원한다면 사전에 표지 디자인에 대해서도 관심을 기울여야 합니다. 앞에서 이야기했듯 '수집' 단계에서 다른 책들을 보며 마음에 들었던 샘플 표지까지 확실하게 보여주면 좋습니다. 그래야 디자이너가 너무 여러 번 작업하는 번거로움을 줄일 수 있습니다. 물론 시간도 절약이 되고요.

이 책 역시 사전에 아이디어를 출판사와 주고받았고, 몇 개의 시안이 오고간 후 결정되었습니다.

이렇게 즐거운(?) 편집 단계가 마무리되면 인쇄·제책 작업에 들어가게 되고, 드디어 여러분의 책을 만날 수 있게 됩니다.

첫 책의 감동에 대해 글을 쓰라면 밤을 새워 쓸 수도 있을 것 같습니다. 책이 출간되면 편집자님께 사인을 해서 드리고 편집자의 사인도 받으세요. 저녁이라도 함께하면 더 좋습니다.

길고도 멋진 전투를 끝냈으니 서로 축하해야죠.

책의 원가는 얼마일까?

책의 정가는 얼마로 정하면 좋을까요? 같은 분량의 책도 분야나 전문성 등에 따라 가격은 천차만별입니다. 250쪽 기준으로 볼 때 에세이는 13,000~14,000원 정도이고, 자기계발서는 14,000~15,000원, 경제경영서는 15,000~17,000원까지 책정됩니다.

그럼, 출판사에서 이렇게 가격을 매기는 기준은 무엇일까요? 보통은 전문성 때문에 경제경영서의 가격이 좀 높은 경향이 있습니다. 그렇다고 에세이가 전문성이 없다는 뜻은 아니고, 에세이도 가격을 높이 책정할 수 있지만 가격저항선이 있어 다른 에세이 책들과 비슷하게 가격을 맞추는 편입니다.

그런데 이런 주먹구구식 기준 말고 정확하게 산출할 수 있는 근거가 없을까요? 출판 쪽 일을 오래 한 분들은 간단히 이렇게 말하더군요.

"페이지당 50원으로 하면 얼추 맞아!"

책의 정가는 크게 다음과 같은 구조로 구성이 됩니다.

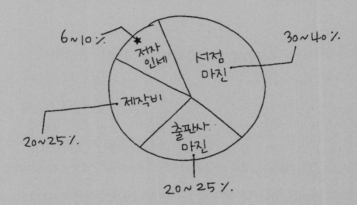

어떤가요? 의외로 서점 등의 유통비용이 30~40%로 가장 많죠? 그 이유는 오프라인 서점의 경우 대부분 교통의 요지에 있다 보니 임대료와 인건비가 비싸고, 온라인 서점의 경우 택배비 등의 물류비가 꽤 많은 비중을 차지하기 때문입니다.

제작비의 경우 초판 2,000부, 250쪽을 기준으로 했을 때 표지·본문 디자인, 편집비 등의 간접비(인건비)와 종이대금, 인쇄비, 제책비 등을 포함해 600~700만 원 정도 소요됩니다. 정가 기준으로 보면 약 20~25%를 차지합니다.

저자 인세의 경우는 앞에서도 언급했듯이 6~10% 정도입니다.

그럼, 남은 부분이 출판사의 마진이라고 볼 수 있는데, 보통 20~25% 정도라고 보면 됩니다. 출판사는 이 돈으로 도서 마케팅, 직원 인건비, 임대료, 사무실 운영비와 도서 물류비용 등을 충당합니다.

출판사에서 책 한 권을 만들 때 투자되는 돈은 얼마나 될까요?

수강생들이 자비출판 견적을 내오면서 500만 원이면 책을 출간할 수 있다고 하는데, 이는 정상적인 출판으로 볼 때 제작비에도 못 미치는 금액입니다. 자비출판의 경우는 저자의 요구대로 만들어 주기 때문에 표지 디자인이나 교정·교열 등에 크게 신경을 쓰지 않습니다. 그러니 그 금액에 책을 만들 수 있는 거죠.

일반적인 경우 표지 디자인에만 150만 원 정도를 투자하고, 본문 디자인 작업 역시 그 정도의 금액이 들어갑니다. 이렇게 책을 만드는데 드는 직접비는 600~700만원 정도 소요됩니다. 여기에 편집자 한 사람이 한 권의 원고에 투입되는 기간을 두 달이라고 봤을 때 그 인건비 또한 운영비에 포함이 되는 거지요. 그리고 저자 인세와 마케팅비용을 포함하면 책 한 권의 총제작비는 1,500만원을 훌쩍 넘게 됩니다.

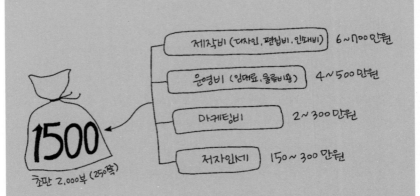

제작비 (디자인, 편집비, 인쇄비)　6~700만원

운영비 (임대료, 물류비용)　4~500만원

마케팅비　2~300만원

저자인세　150~300만원

1500

초판 2,000부 (250쪽)

이처럼 책 만드는 비용이 만만치 않다는 걸 알았으니, 원고를 쓸 때 더 신경을 써야겠지요?

출간 | Q&A

이번 시간은 **워크숍**입니다.
출판사 **에디터**,
마케터와 함께
책 쓰기 전반에 대해
이야기를 나눠 보겠습니다.

우선 분량 면에서 다릅니다. 글쓰기가 A4 용지를 기준으로 1~
3장 정도라면 책 쓰기는 100장 정도입니다. 그렇다 보니 글쓰기
는 문장 하나하나에 더 많은 신경을 쓰게 됩니다. 책 쓰기 역시 문
장이 중요하지 않은 건 아니지만 작가의 '생각'이 더 중요합니다.
책 쓰기는 독자들에게 어떤 말을 전하고 싶은지 처음부터 끝까지
머릿속에 있는 내용들이 다 떨어질 때까지 쓰는 게 먼저입니다.
맞춤법, 세밀한 표현들, 섬세한 묘사… 이런 건 나중에 해도 괜찮
습니다. 우선은 끝까지 포기하지 않고 쓰는 게 먼저입니다.
글쓰기는 보통 혼자하는 작업입니다. 자신이 하고 싶은 말을 그
냥 쓰면 되죠. 하지만 책 쓰기는 '출간'이라는 목표가 정해져 있는
공동작업입니다. 원고를 넘긴 순간부터 책을 읽을(구입할) 독자에
대해 생각하고, 원고를 수정해 가며 출간이 될 때까지 끊임없이
출판사와 함께 달리는 게임입니다.

저는 아니라고 이야기합니다. 시중에 좋은 책이 얼마나 많이 나
와 있나요. 정말로 모르겠다면 하루 특강 정도는 들어도 좋습니
다. 비싼 돈을 지불하면서 굳이 책 쓰기 코칭을 받을 필요는 없다
고 생각합니다. 그냥 이 책을 여러 번 읽으세요.

Q 목차는 어떻게 잡는 게 좋나요?

목차 잡기는 '수집' 단계에서 충분히 수집한 내용을 바탕으로 '배치-그룹핑'을 합니다. 이때 처음-중간-끝 혹은 서론-본론-결론을 기준으로 목차를 설계하면 좋습니다. 예를 들어 여행 책이라면 여행을 가기 전 준비했던 내용들이 '처음'이 되고, '중간'은 여행에서 본(생각한) 것들, 결론은 여행에서 느꼈던 것들이 될 수 있겠죠.

마인드맵 프로그램을 쓰는 것도 좋은 방법입니다. 내가 생각한 목차를 먼저 정리해 보고, 다른 책의 목차들을 보면서 빠진 내용이 있는지 살펴보고, 다시 읽어보면서 부족한 부분을 채웁니다.

물론 책을 써 나가는 과정에서 얼마든지 변경될 수 있다는 점도 꼭 기억해 두세요.

Q 원고 투고 시 메일 제목은 어떤 게 눈에 띄나요?

보통 출판사는 하루에 1건 이상의 출간 기획서를 받습니다. 특히 주말이 지난 월요일 아침에는 4~5건 정도가 오기도 합니다. 그러다 보니 제목만 보는 경우가 많은데, 대부분의 메일 제목이 '원고투고(출판의뢰)' '투고 원고 보냅니다. 잘 읽어봐 주세요' '원고 투고합니다' 등입니다. 바쁜 월요일 아침 열어 보고 싶을까요?

최소한 메일 제목에 '책 제목'은 들어가야 하고, 에세이나 자기계발 등 '분야'를 넣어주면 좋고, 최근 유행하는 '키워드'가 들어있으면 최소한 관심을 가지게 됩니다. 여러분이 평소 이메일을 읽을 때와 같습니다. 한눈에 보이게 해야죠.

특히 책 제목은 구체적이면서 눈길을 끌 수 있는 키워드를 넣어주면 아무래도 더 관심을 가지게 됩니다. 예를 들어 '아프리카 여행기'보다 '스물아홉, 삼성 대신 아프리카를 가다' 이런 제목이면 눈에 확 띄게 됩니다.

Q 혹시 버리는 출간 기획서의 기준이 있나요?

당연히 있습니다. 요즘 워낙 '책 쓰기' 과정이 많다 보니 그 과정을 수료한 예비 저자들이 메일을 많이 보내는데, 이 분들의 출간 기획서는 형식이 대부분 동일합니다. 그리고 하단에 '마케팅을 위해 이 책을 200부(300부) 구입하겠습니다'라는 문구가 들어간 기획서가 많습니다. 이 경우 출판사에서는 이 기획서를 신뢰하지 않습니다.

'책 쓰기' 과정을 수료했더라도 그곳에서 주는 출간 기획서의 양식이 아닌 본인만의 출간 기획서 양식을 만들어 본인의 강점과 차별점이 들어간 기획서를 새로 만드는 것이 좋습니다. 파워포인트를 잘 사용한다면 ppt 형식으로 만들어도 다른 기획서와 차별화될 수 있습니다.

행복한 고민이네요. 다만 잘 생각해 봐야 합니다. 일단 대형 출판사와 계약을 하면 좋은 점은 주위에서 "아, 그 출판사에서 내셨어요~"라며 알아봐 준다는 거겠죠. 하지만 대형 출판사는 그만큼 관리하는 작가와 책이 많다 보니 한 달에 10권 이상 신간이 출간되기도 합니다. 그런데 이 중 마케팅에 집중하는 책은 한두 권에 불과합니다. 여기에 포함되지 못하면 여러분에게는 일생의 한 권이라도 출판사에게는 여러 책 중 한 권이 되기 쉽죠.

작은 출판사의 경우는 아무래도 인지도가 약할 수 있으니 좀 더 신중해야 합니다. 우선 그 출판사에서 출간했던 책들을 살펴봐야 합니다. 표지 디자인은 센스가 있는지, 본문 편집 상태는 어떤지 눈여겨 보세요. 그리고 책이 출간된 후 마케팅은 어떻게 하는지도 온라인 서점과 출판사 SNS를 통해 확인해 보세요. 가능하다면 주변의 평판까지 확인하면 더 좋습니다. 최근에는 실력있는 편집자들이 독립하여 1인출판사를 많이 창업하는데, 그런 베테랑과 함께 멋진 책을 만들 수도 있습니다. 믿을 수 있는 개성있는 출판사라면 규모가 작아도 함께 역사를 만들어 보는 것도 추천합니다.

Q 계약을 하고, 원고를 넘겼는데 다음 진행이 안 됩니다.

계속 회의만 진행 중이라고 하는데 어떻게 해야 하나요?

계약서의 확인이 필요한 시점입니다. 원고를 넘기고 난 후 언제까지 출간하기로 되어 있는지 확인해 보세요. 보통 '6개월 이내에 출간한다'로 되어 있습니다. 그렇다고 마냥 기다릴 수는 없겠죠.

원고를 넘기고 2~3개월이 지났는데도 아무 연락이 없다면 꼭 연락해 보세요. 담당 편집자가 그만두었을 수 있고, 팀장이나 대표가 바뀌어 새로 정비를 하는 경우도 있습니다.

보통 원고가 완성된 후 담당 편집자가 결정되면 메일로라도 자주 연락을 취해 출간과 관련된 아이디어를 주고받으며 소통하는 것이 좋습니다.

Q 인세는 얼마나 되나요?

초보 저자의 경우는 6~8% 정도이며, 출판사에 따라 10%인 경우도 있습니다. 물론 계약은 협상이기에 어느 정도 조정할 수 있습니다. 시작은 6%라도 5,000부 이상 8%, 1만 부 이상 10% 등으로 차등해서 계약을 하기도 하니 인세가 6%로 고정되어 있는 경우 이 방법도 제안해 볼 수 있습니다. 출판사 입장에서도 책이 많이 판매되면 그만큼 이익이 늘어나는 것이니 이 정도 조건은 대부분 수락합니다. 하지만 10% 이상의 인세는 거의 없다고 보면 됩니다. 혹시 4~5%를 제시하는 출판사가 있다면 고민해 보는 게 좋습니다.

Q 선인세가 뭔가요?

계약금이라고 보면 됩니다. 인세는 책이 판매된 부수에 따라 인세율을 적용해 계산합니다. 정가 1만 원의 책에 10% 인세라면 한 권 판매시 1,000원의 인세를 받게 됩니다. 그런데 인세는 책이 출간되어 판매된 후 정산되기 때문에 사전에 출판 계약을 할 때 계약의 확실성을 위해 50~100만원 정도를 계약금의 형태로 지급합니다. 그리고 이 금액은 첫 인세 정산시 차감하고 받게 됩니다.

예를 들어 볼게요. 보통 출판사에서는 분기나 반기 또는 1년에 한 번씩 책의 판매량을 계산하여 인세를 정산합니다. 예를 들어 1월에 계약을 하고 선인세로 100만원을 받았습니다. 그리고 4월에 책이 출간되어 4~6월 동안 정가 1만 원의 책이 3,000부 팔렸다면 (인세율 10% 가정시) 첫 인세는 300만 원입니다. 그럼, 이때 계약시 지급한 선인세 100만 원을 차감한 200만 원의 인세를 지급하는 겁니다. 참고로 인세 지급시에는 기타소득세 또는 사업소득세가 공제된다는 것도 알아두세요.

출판 계약은 정말 신나는 일인데, 계약서를 받아 보니 어려운 단어들이 많습니다. 하지만 어려워도 꼼꼼히 살펴봐야 합니다. 나중에 분쟁의 소지가 충분히 있을 수 있습니다.

그럼, 계약서를 비교해 볼 수 있는 팁을 알려드릴게요.

'대한출판문화협회' 홈페이지에 들어가 '자료실'의 '서식 및 신청서' 메뉴를 보면 상단 공지 부분에 〈출판권 및 전자출판용 배타적 발행권 설정과 관련된 사용계약서〉가 있습니다. 제목이 쉽지는 않습니다. 이 계약서는 공공기관이 인정한 객관적인 표준계약서이니 이 계약서와 출판사에서 보내온 계약서를 비교해 보는 겁니다.

일반적인 부분들은 대부분 용어 설명이나 기본적인 계약서의 내용이니 비슷하면 넘어가도 됩니다. 이때 자세히 봐야 할 것은 '기간' '날짜' '금액' '비율' '부수' 등 숫자로 된 부분들입니다.

1) **계약의 유효기간** : 계약기간은 통상 3~5년입니다. 출판사의 입장에서는 이왕이면 오래 계약하는 것이 좋으니 보통 5년을 원하는데, 일반적으로 큰 무리는 없습니다. 혹시 여러분이 꼭 3년을 원한다면 편집자와 미리 협의하여 조정하는 것이 좋습니다.

2) **원고의 인도 및 출판의 기한** : 원고의 인도는 보통 계약일로부터

90일 이내, 출판은 원고를 인도받고 6개월 이내로 되어 있습니다. 혹시 이 기한이 어려우면 서로 협의를 해야 합니다.

3) **계속 발행의 의무** : 출판사는 계약기간 동안 책을 판매할 의무가 있습니다. 다만, 계약기간 중이라도 추가 인쇄가 필요한 시점에 책의 판매가 현저히 떨어져 한 달에 10부 이하로 판매되는 경우 1년에 100부 정도 판매되는 상황이기 때문에 추가 인쇄를 못할 수도 있습니다. 이 부분에 대해 서로 부수를 협의해 기재하면 됩니다.

4) **비용의 부담** : 기본적으로 원고의 교정 및 제작·홍보와 관련된 비용은 출판사에서 부담을 합니다. 다만 원고를 만드는 과정에서 사진이나 그림 등 타인의 저작물을 사용하는 경우는 기본적으로 그 비용을 저자가 부담하여 완전한 원고를 넘겨 줘야 한다는 의미입니다.

5) **저작권 사용료** : 보통 인세율과 인세 지급시기, 판매수량 보고 등이 자세하게 나와 있어야 합니다. 이 부분이 정확하게 기재되어 있지 않으면 분기 또는 반기 등 명확한 날짜의 기재를 요청해야 합니다.

Q 계약서에 보니 2차적 사용이라고 있는데, 이건 뭔가요?

저자의 원고를 종이책 이외의 용도로 활용하는 계약이라고 보면 됩니다. 가장 일반적인 것이 전자책과 해외로의 번역출간입니다. 그 외 개작·다이제스트, 연극·영화·방송·녹음·녹화·대여 등을 2차적 사용이라고 보고 있습니다.

2차적 사용에 대한 계약은 대부분 출판사에 위임하는 것이 일반적이며, 그에 따른 수익정산만 제대로 체크하면 됩니다.

출판사에서는 관례적으로 전자책과 같이 판매부수가 계산되는 경우는 권당 종이책(또는 전자책)의 인세율을 적용하여 정산합니다. 그리고 번역출간과 같이 판매부수를 계산하기 어려운 경우에는 해외 출판사에서 받은 금액을 5:5로 정산하는 것이 일반적입니다. 이 부분은 계약시 출판사에서 기존에 하던 관례에 따라 너무 일방적인 조건이 아니라면 편집자와 협의하여 진행하면 됩니다.

Q 여행 책을 출간하고 싶습니다. 사진에 대한 저작권은 어떻게 되나요?

본인이 직접 찍은 사진을 추천합니다. 물론 표지의 사진이나 본문 중 꼭 필요한 사진에 대해서는 출판사에서 직접 돈을 주고 전문가의 사진을 구입할 수 있지만, 사진이 많이 들어가는 책의 경우 기본적으로는 본인의 사진이거나 허락을 받은 사진을 사용해야 합니다. 만약 출판사와 의논하지 않고 타인(인터넷)의 사진을 사용하여 문제가 생길 경우에는 저자가 책임져야 합니다.

Q 다른 책을 인용해도 되나요?

원칙적으로 인용문에 대해서는 해당 책의 출판사와 작가의 동의를 받아야 합니다. 다만 문장의 일부만 인용하는 경우 출처를 명확히 밝히면 해당 출판사에서도 마케팅 효과가 있으니 대부분 그냥 넘어가는 편입니다.

다만 처음부터 끝까지 조금씩이라도 인용이 계속되면 결국 짜깁기한 책이 됩니다. 이 경우 출처를 모두 밝힌다 해도 표절의 문제가 발생할 수 있습니다. 인용한 부분이 많은 경우에는 편집 작업 시 꼭 편집자와 의견을 공유하기 바랍니다.

저작권의 문제는 앞으로 더 중요한 이슈가 될 것입니다. 항상 관심을 가지고 주의를 기울이기 바랍니다.

Q 신문기사를 인용해도 되나요?

신문기사는 크게 인구통계와 같은 객관적인 사실의 전달과 사설과 같은 주관적인 분석으로 구분할 수 있습니다. 이때 객관적 사실의 전달은 출처를 밝히면 사용이 가능합니다. 이 또한 정부기관 등에서 가져온 정보이기 때문입니다. 하지만 사설이나 기자의 주관적 판단이 들어간 기사는 함부로 인용해서는 안 됩니다.

Q 명언을 넣고 싶은데 출판사에서 해주나요?

아뇨. 직접 해야 합니다. 명언에 대해서는 저작권을 묻지 않습니다만 하나하나 출판사에서 작업해 주지는 않습니다. 물론 이건 편집자와 책마다 다릅니다. 하지만 명언을 고르는 것 역시 저자의 생각이 담기는 것이니 원고에 맞는 멋진 글 또한 저자가 찾는 것이 당연하다고 생각합니다.

Q 책에 직접 그린 그림을 넣고 싶습니다. 어떤 파일로 작업해야 하나요?

그림은 jpg 파일이나 png, eps 등 어떤 형식으로 해도 큰 문제는 없습니다. 다만 해상도가 최소 200dpi 이상이어야 합니다. 컬러 그림의 경우에는 cmyk로 분판이 되어야 합니다.

Q 주변 이야기가 많습니다. 가명으로 써도 되나요?

원고를 투고할 때는 본명으로 해야 출판사에서 신뢰를 합니다. 출간시에는 출판사와 협의에 따라 가명으로도 가능합니다. 다만 본인이 강의나 방송, SNS 등에서 활약하고 있는 예명이나 필명이라면 모를까 '피부 구세주' '글쓰기 천재'처럼 전혀 신뢰성 없는 이름의 경우는 출판사에서도 꺼려할 수 있으니 출판 계약시 서로 충분히 의논하기 바랍니다.

Q 초판은 몇 부나 찍나요?

출판이 한창 호황(?)일 때에는 보통 3,000부가 기본이었고, 이정도는 시장에서 충분히 소화할 수 있었습니다. 아마 인터넷이 활성화되기 전 시절이었던 거 같습니다. 하지만 지금은 1쇄에 1,500~2,000부 정도 찍습니다.

초판의 수량은 각 서점에 신간을 보내는 수량을 기준으로 하는데, 예전에 비해 서점이 많이 없어졌고 또 온라인 서점의 비중이 높아지다 보니 초기 서점 출고량이 500부가 안 되는 경우가 많습니다. 그러니 초판을 많이 찍어 창고에 보관하는 것보다는 1,000부 단위로 여러 번 찍더라도 재고 부담을 줄이는 것이 더 낫다고 판단하기 때문입니다.

Q 증정본은 몇 권까지 받을 수 있나요?

편집을 마치면 표지와 본문의 최종 데이터를 인쇄소에 보내 제작에 들어갑니다. 인쇄와 제책 과정은 보통 4~5일 정도가 소요됩니다. 작가들이 가장 애타게 기다리는 시간이죠. 책이 완성되면 작가에게 바로 증정본을 보내는데, 보통 20~30권(추가 인쇄시는 5~10권) 정도를 증정합니다. 수량은 출판사마다 다른데, 이때 너무 많은 증정본을 요구하지는 마세요. 앞에서도 이야기했지만 주변 분들은 책을 선물받는 게 아니라 구입해 줘야 합니다. 꼭 선물하고 싶은

은사님과 마케팅용을 제외하고는 웬만하면 선물하지 않아도 좋습니다.

참고로 증정본 외에 작가가 책을 추가로 구매하고 싶다면 일반적으로 정가의 70% 가격에 출판사에서 구입할 수 있습니다.

Q 자비출판 비용은 얼마나 드나요?

자비출판은 저자가 출판과 관련된 모든 비용을 내는 출판 형태를 말합니다. 여러분 책의 분야가 너무 한정적이어서 대중적 출판이 어렵거나 강의 교재로 활용하기 위해 많이 이용하는데, 자비출판은 책의 주체가 독자가 아닌 저자이다 보니 독자들의 니즈를 반영하지 못한다는 단점이 있습니다. 검색 사이트에서 '자비출판'이라고 검색하면 많은 대행업체들이 나오는데, 보통 1,000부, 250쪽 정도에 500만원 정도 소요된다고 알고 있습니다.

그리고 일부 단행본 출판사에서도 저자에게 자비출판을 권하기도 합니다. 이 출판사들은 편집 및 교정·교열 작업까지 해주는 등 웬만큼은 책의 형태를 갖추게 되는데, 보통 1,000만원 정도를 요구하고 있다고 합니다.

Q 출간이 되면 블로그에 연재한 내용은 지워야 하나요?

굳이 지울 필요는 없습니다. 요즘은 책의 내용을 사전연재까지

하는 시대이니 책 전체의 내용을 정리된 상태로 올려놓은 것이 아니라면 큰 문제는 없습니다. 다만 이것도 출판사와 계약 단계에서 협의를 해야 합니다. 어떤 출판사의 경우 중간까지만 내용을 남겨놓고 지우기 원하는 곳도 있습니다.

Q 출판사에서 생각하는 출판의 가장 좋은 시점은 언제인가요?

많은 예비 저자들은 가을이 가장 좋지 않냐고 묻습니다. '독서의 계절' '천고마비의 계절'이라는 기억 때문일 것입니다. 하지만 의외로 봄과 가을은 야외활동이 많다 보니 책을 보는 시간이 상대적으로 줄어듭니다. 그래서 봄과 가을은 출판시장에서는 비수기로 보고 있습니다.

출판사는 날씨가 추워져 외부활동이 줄어드는 겨울을 성수기로 봅니다. 그리고 해가 바뀌기 때문에 트렌드나 습관, 변화 등을 주제로 한 자기계발서가 강세를 보이는 시기이기도 합니다.

물론 어느 시점이 딱 좋다고 할 수는 없습니다. 이 또한 '운'과 '타이밍'이 크게 작용하기도 합니다. 또 작가가 선호하는 시점이 있기 때문에 작가와 에디터가 원고의 내용과 완성도에 맞춰 협의하되, 가급적 여러 경험을 가진 출판사의 의견을 따르는 것이 좋습니다.

Q 혼자 출간해서 대형서점에 판매할 수 있나요?

네. 가능은 합니다. 저자 본인이 직접 1인출판사를 차려 제작과 유통을 하는 경우가 종종 있습니다. 이때 제작은 대행사들이 있어 큰 어려움 없이 할 수 있는데, 유통에서 많이 힘들어 하더군요. 보통 교보문고 등의 오프라인 서점과 예스24 등의 온라인 서점의 경우 출간된 도서가 한 권이면 원칙적으로 거래를 맺어주지 않습니다. 그래서 대부분 '북센'과 같은 대형 도매상이나 총판을 통해 거래를 하는데, 도매상은 작은 출판사들의 책을 한 번에 받아서 교보문고와 같은 대형서점과 우리 주변의 동네 서점에 납품하는 일을 하고 있습니다.

하지만 이 과정이 너무 어렵고 번거롭기 때문에 지속적으로 출판을 생각하지 않는다면, 출판사에서 출간하는 것을 추천합니다.

Q 책, 어떻게 마케팅 해야 할까요?

출간은 시작에 불과합니다. 일단 책이 나왔으면 팔려야 합니다. 그리고 팔리기 위해서는 저자도 열심히 뛰어야 합니다. 보통은 책이 출간된 후 2주일이 중요합니다. 이때까지가 신간(새 책)이라고 보면 됩니다. 물론 이 기간이 지나도 '신간'이기는 하지만, 이 기간 동안 판매량이 눈에 띄게 보이지 않으면 사람들의 마음속에서는 구간이 되고 서점에서도 눈에 보이는 곳에 진열이 되지 않습니다.

따라서 책이 출간되면 모든 역량을 집중해야 하는 시기가 서점에서 새 책 코너에 책을 진열해 주는 기간인 2주, 길게 잡아도 4주 정도입니다. 이런 이유 때문에 이 황금의 시간을 놓치지 않기 위해 출판사들은 서평 마케팅을 하기도 하고, 신문 문화면에 책 소개 기사를 노출하기 위해 보도자료를 만들어 보내기도 합니다. 또 SNS와 블로그에 엄청난 비용을 쓰며 광고를 하는 등 열심히 책을 홍보합니다. 저자도 이때 최대한 본인의 인맥을 총동원하여 함께 책을 알려야 합니다.

에 | 필 | 로 | 그

드디어 '책 쓰는 토요일' 모든 수업이 끝났습니다.

어떤가요? 책을 쓰고 싶은 마음이 더 솟았나요? 아니면 책 쓰기를 포기하게 되었나요?

후자라면 그건 제 책임입니다.

이 책을 통해 저는 책을 쓴다는 게 그리 쉬운 일이 아니라는 것을 알리고 싶었고, 또 그리 어려운 일도 아니라는 사실을 동시에 전하고 싶었습니다. 자신이 살아온 인생을 하나하나 재미있게 글로 쓸 수 있다는 건 엄청난 행운이고, 상당히 재미있는 일입니다.

책을 쓴 저자라고 하여 꼭 대단한 사람은 아닙니다. 모두 우리와 똑같은 사람들입니다. 같은 시대를 살아오면서 비슷한 경험을 했는데 저자들은 자신의 이야기를 끝까지 써서 책으로 냈고, 여러분은 아직 쓰고 있는 중이라는 사실만 다릅니다. 그러니 걱정할 일은 아무것도 없습니다.

밤을 새워 열심히 글을 썼는데 책으로 출간되지 못한다면?

무책임한 말처럼 들릴지 몰라도, 괜찮습니다. 설령 책으로 출간되지 못했더라도 한 권의 책을 처음부터 끝까지 써본 경험은 무엇과도 바꿀 수 없는 소중한 자산이 되었을 겁니다. 그 특별한 경험으로 인해 여러분은 충분히 변했을 겁니다.

책 쓰는 삶은 그래서 즐겁습니다.

지금 쓰지 못했다고 해서 끝난 것은 아닙니다. 마음이 원할 때 다시 시작하면 됩니다. 꾸준히 쓰면 됩니다. 어떻게 해서든 쓰면 됩니다.

지금 책을 쓰기로 결심했다면 바로 시작하세요.

여러분의 시작을 기억하겠습니다.
책 쓰는 토요일, 가장 좋은 때는 지금입니다.

이 책에 소개된 도서들

≪7년의 밤≫ 정유정, 은행나무, 2011

≪강백호처럼, 영광의 순간을≫ 슈지 슈이치, 하빌리스, 2018

≪곰돌이 푸≫ 곰돌이 푸 원작, 알에이치코리아, 2018

≪구대회의 인생 커피≫ 구대회, 황소걸음, 2918

≪글쓰기 다이어리≫ 수지 모건스턴, 바람의아이들, 2008

≪글쓰기 수업≫ 앤 라모트, 웅진윙스, 2007

≪당신의 책을 가져라≫ 송숙희, 국일미디어, 2017

≪데일 카네기 자기관리론≫ 데일 카네기, 리베르, 2009

≪드래곤 라자≫ 이영도, 황금가지, 1998

≪디자인씽킹으로 일 잘하는 방법≫ 김형숙, 김경수, 봉현철, 초록비책공방, 2018

≪몸짓 읽어주는 여자≫ 이상은, 천그루숲, 2018

≪무작정 퇴사하지 않겠습니다≫ 김경진, 팜파스, 2019

≪물, 치료의 핵심이다≫ F. 뱃맨겔리지, 물병자리, 2004

≪물은 답을 알고 있다≫ 에모토 마사루, 더난출판사, 2008

≪미생≫ 윤태호, 위즈덤하우스, 2012

≪바스커빌 가문의 개≫ 아서 코난 도일, 황금가지, 2002

≪반지의 제왕≫ J. R. R. 톨킨, 씨앗을뿌리는사람, 2007

≪밥 먹고 똥 싸면서 발견하는 비즈니스 인사이트≫ 김경수, 초록비책공방, 2019

≪보노보노의 인생상담≫ 이가라시 미키오, 놀, 2018

≪부자 아빠 가난한 아빠≫ 로버트 기요사키, 황금가지, 2000

≪불안≫ 알랭 드 보통, 은행나무, 2011

≪빨강머리 앤이 하는 말≫ 백영옥, 아르테, 2016

≪뼛속까지 내려가서 써라≫ 나탈리 골드버그, 한문화, 2018

≪생각하지 않는 사람들≫ 니콜라스 카, 청림출판, 2011

≪서른여덟, 6개월 만에 결혼하다≫ 이진영, 슬기북스, 2019

≪셜록 홈즈 전집≫ 아서 코난 도일, 황금가지, 2002

≪소드 아트 온라인≫ 카와하라 레키, 서울문화사, 2009

≪수학의 정석≫ 홍성대, 성지출판사, 2017

≪스몰 스텝≫ 박요철, 뜨인돌, 2018

≪스티브 잡스 프레젠테이션의 비밀≫ 카민 갤로, 랜덤하우스코리아, 2010

≪스티브 잡스의 본능적 프레젠테이션≫ 정석교, 랜덤하우스코리아, 2011

≪슬램덩크 승리학≫ 츠지 슈이치, 대원씨아이, 2001

≪슬램덩크 인생특강≫ 슬램덩크포에버, 행복한시간, 2018

≪슬램덩크≫ 이노우에 타케히코, 대원, 1998

≪시인≫ 마이클 코넬리, 랜덤하우스코리아, 2009

≪시작 노트≫ 피터 킴, 일센치페이퍼, 2019

≪오늘 내가 살아갈 이유≫ 위지안, 예담, 2011

≪오즈의 마법사≫ L.프랭크 바움, 인디고(글담), 2018

≪워라밸의 시대, 하루 3분 시간관리≫ 이임복, 천그루숲, 2017

≪원펀맨≫ ONE, 대원, 2015

≪원피스≫ 오다 에이이치로, 대원, 1999

≪원피스식 인생철학≫ 지지엔즈, 지식여행, 2016

≪원피스식, 세계 최강의 팀을 만드는 힘≫ 야스다 유키, 에이지21, 2012

≪유혹하는 글쓰기≫ 스티븐 킹, 김영사, 2017

≪은하영웅전설≫ 다나카 요시키, 서울문화사, 2000

≪인사이트, 통찰의 힘≫ 김철수, 비즈니스북스, 2015

≪인생을 바꾸는 아주 작은 습관≫ 자수경, 프로방스, 2016

≪주진우의 정통 시사 활극, 주기자≫ 주진우, 푸른숲, 2012

≪참 좋았다, 그치≫ 이지은, 시드앤피드, 2019

≪출판사 에디터가 알려주는 책 쓰기 기술≫ 양춘미, 카시오페아, 2018

≪코난 도일을 읽는 밤≫ 마이클 더다, 을유문화사, 2013

≪퇴사하겠습니다≫ 이나가키 에미코, 엘리, 2017

≪퇴사학교≫ 장수한, 알에이치코리아, 2016

≪편집광만이 살아 남는다≫ 앤드류 그로브, 한국경제신문사, 1998

≪하마터면 열심히 살 뻔했다≫ 하완, 웅진지식하우스, 2018

≪햄릿≫ 윌리엄 셰익스피어, 민음사, 2001

토요일 3시간,
나를 찾는 책 쓰기

초판 1쇄 발행 2019년 9월 10일
초판 2쇄 발행 2021년 11월 20일

지은이 이임복
펴낸이 백광옥
펴낸곳 천그루숲
등 록 2016년 8월 24일 제25100-2016-000049호

주소 (06990) 서울시 동작구 동작대로29길 119
전화 0507-1418-0784 팩스 050-4022-0784 카카오톡 천그루숲
이메일 ilove784@gmail.com

마케팅 백지수
인쇄 예림인쇄 제책 예림바인딩

ISBN 979-11-88348-51-0 (13320) 종이책
ISBN 979-11-88348-52-7 (15320) 전자책

이 도서의 국립중앙도서관 출판예정도서목록(CIP)은 서지정보유통지원시스템 홈페이지(http://seoji.nl.go.kr)와
국가자료공동목록시스템(http://www.nl.go.kr/kolisnet)에서 이용하실 수 있습니다.(CIP제어번호 : CIP2019032486)